Stefan Kiechle

Gott die Ehre

Stefan Kiechle

Gott die Ehre

Kurze Theologie der ignatianischen Exerzitien

echter

Klimaneutral
Druckprodukt
ClimatePartner.com/12514-2106-1007

Der Umwelt zuliebe verzichten wir bei unseren Büchern
auf Folienverpackung.

Bibliografische Information der Deutschen Nationalbibliothek

Die Deutsche Nationalbibliothek verzeichnet diese Publikation in der Deutschen Nationalbibliografie; detaillierte bibliografische Daten sind im Internet über ‹http://dnb.d-nb.de› abrufbar.

1. Auflage 2021

www.echter.de

Umschlag: wunderlichundweigand.de
Innengestaltung: Crossmediabureau, Gerolzhofen
Druck und Bindung: Friedrich Pustet, Regensburg

ISBN
978-3-429-05667-4
978-3-429-05182-2 (PDF)
978-3-429-06545-4 (ePub)

Inhalt

Zum Beginn 9

Theologie 9 – Ignatianische Exerzitien 10 – Theologie der Exerzitien 11 – Gott die Ehre 11 – Weise des Vorangehens 12 – Gefahren einer Theologie der Exerzitien 13

I. Geschaffen 15

1. Einzeln und gemeinsam 16

Die Seele 16 – Der Leib 17 – Gaben von oben 18 – Ziel der Schöpfung 19 – Individuell und sozial 21

2. Gottunmittelbar 23

Schöpfer und Herr 23 – Der Schöpfer unmittelbar mit dem Geschöpf 24 – Das Geschöpf mit seinem Schöpfer und Herrn 24 – Übungen geben 25 – Freund oder Herr? 27 – Wie eine Waage 27

3. Die Dinge der Welt 30

Nutzen zum Ziel 30 – In allem Gott 31 – Ambivalent 32 – Indifferent/frei 33

4. Sehnsucht nach Gott 35

Deseo/Sehnsucht 35 – Die Sehnsucht ordnen 36 – Sehnsucht Gottes 37 – Großmut und Freigebigkeit 38

5. Immer vorangehen 40

Geschichtlichkeit 40 – Pädagogik 41 – Üben 42

II. Geheilt 45

6. Täter und Opfer 46

Sünde 46 – Täter werden 47 – Verdammt? 49 – Opfer werden 49 – Zugleich Opfer und Täter 50

7. Schuld und Scham 52

Was ist Schuld? 52 – Scham 53 – Schuldgefühle 53 – Missbrauch und Schuld 55

8. Gott vergibt – Gott heilt 57

Der Täter lässt sich vergeben 57 – Das Opfer lässt sich heilen 58 – Gratis 58 – Der Gekreuzigte 59 – Bußübungen 60

9. Die Geister unterscheiden I 62

Regungen 62 – Geister 62 – Geister in der Seele 63 – Ungeordnet/geordnet 64 – Taktiken 65

10. Geliebter Sünder 67

Das Gewissen erforschen 67 – Weitere Übungen 68 – Für Christus getan/für Christus tun 69 – Sündig und geliebt 69

III. Gesandt 71

11. Wie ein Ritter 72

Der König ruft 72 – Zwei Banner 73 – Jerusalem-Theologie 74 – Kreuzzugstheologie? 75 – Demütig 76

12. Gott wird Mensch 79

Sorgende Dreifaltigkeit 79 – Warum die Inkarnation? 80 – Weihnachtstheologie 80 – Mehr lieben und ihm nachfolgen 82

13. Leben Jesu 84

Geheimnisse des Lebens Jesu Christi 84 – Welche Szenen? 85 – Die Schrift betrachten 86 – Theologisches 87 – Christologie 88

14. Vom Wählen 90

Warum „Wahl"? 90 – Was wählen? 91 – Drei Weisen 92 – Wie wählen? 93 – Wille Gottes/Wille des Menschen 94 – Gottes- und Menschenbild 95

15. Die Geister unterscheiden II 97

Wie die Geister unterscheiden? 97 – Trost 97 – Trostlosigkeit 98 – Vom Umgang mit Trost und Trostlosigkeit 99 – Trost ohne Ursache 100

16. Gesandt zum Dienst 102

Welt gestalten 102 – Führen und Macht ausüben 103 – Helfend dienen 104 – Aktiv/passiv 105 – Individuell/gemeinschaftlich 105

IV. Gerettet 107

17. Der Leidende 108

Passionsbetrachtungen 108 – Jesu Weg 109 – Nachfolge ins Leiden 109

18. Kreuzesnachfolge 111

Theodizee? 111 – Ausleiden 112 – Füreinander 113 – Etappen der Kreuzesnachfolge 114

19. Vom Sterben und vom Tod 117

Exerzitien als Weg des Sterbens 117 – Martyrium 118 – Missbrauch des Kreuzes? 119

V. Geliebt 121

20. Auferweckt 122

Osterbetrachtungen 122 – Maria 122 – Das Amt zu trösten 124 – Gottheit und Menschheit 124

21. Dreifaltiger Gott 126

Warum Maria? 126 – Wo aber ist der Geist? 126 – In den Exerzitien 127 – Cardoner/La Storta 128 – Das geistliche Tagebuch 129

22. In Gemeinschaft 131

Streitend und hierarchisch, mütterlich und bräutlich 131 – In allen Gliedern derselbe Geist 132 – Schwarz und weiß 133 – Freunde im Herrn 134 – Unterscheidung in Gemeinschaft 135

23. In der Liebe wachsen 137

Was ist Liebe? 137 – Betrachtung, um Liebe zu erlangen 138 – Magis 139 – An Spannungen wachsen 140 – Discreta charidad 141 – Amor reverencial 142 – Gott die Ehre 143

Zum Schluss 145

Literatur (Auswahl) 149

Zum Beginn

Theologie. Wer sich über Gott (griech. *theos*) ein Wort, einen Begriff, einen Gedanken, eine Theorie (*logos*) bildet, betreibt Theologie. Theologie ist eine Arbeit des Denkens, der Vernunft. Theologie ist nicht zuerst kritischer Zugriff von außen auf den Glauben, sondern sie erwächst aus dem Glauben, indem dieser die Vernunft befragt.[1] Quelle der Theologie ist Gottes Offenbarung, die von jener vernünftig ausgelegt wird. Da Gott sich nicht nur in Schrift und Tradition offenbart, sondern auch in individueller und gemeinschaftlicher geistlicher Erfahrung, wird in der spirituellen Theologie auch diese immer subjektive Erfahrung zur Quelle und zum Ort der Theologie. Theologie befriedigt zum Ersten das urmenschliche Bedürfnis nach rationaler Selbstvergewisserung in einem existentiellen Vollzug, dem des Glaubens; zum Zweiten hilft sie, den Glaubensvollzug auf den einen, wahren, in Jesus Christus offenbaren Gott hin auszurichten und ihn zugleich vor Irrwegen zu bewahren; zum Dritten ermöglicht sie ein vor dem Forum der Vernunft verantwortetes Bezeugen des Glaubens für Nichtgläubige, ein Anliegen nicht nur des ignatianischen Charismas. Das theologische Reflektieren gehört damit wesentlich – und wiederum ganz ignatianisch – zum Vollzug der Unterscheidung der Geister und damit zu den Exerzitien selbst. Theologische Reflexion ist immer gebunden an die Kultur und an den Kontext ihrer Zeit – das ist ihre Grenze und zugleich ihre

1 Nach dem klassischen lat. Diktum *fides quaerens intellectum* (Glaube, die Vernunft befragend).

Stärke. Theologie ist immer unzureichend, denn ihr Thema, Gott selbst, bleibt menschlichem Tun und Denken entzogen – begrifflich wird keine Theologie Gott wirklich fassen. Theologie ist ein Sprechen auf etwas hin; sie orientiert sich auf Ziele, geht tastend auf diese zu, erreicht sie nur näherungsweise; immer ist sie ärmlich und fragmentarisch, immer auch ausgestreckt auf Neues und durch Neues überbietbar.

Ignatianische Exerzitien. Ignatius von Loyola (1491–1556),[2] der Gründer des Jesuitenordens, schrieb das Buch der Exerzitien, im Original *Ejercicios espirituales* (span.), also „Geistliche Übungen". In das Buch hinein flossen seine persönliche geistliche Erfahrung, außerdem alte spirituelle Traditionen der Kirche und seine philosophisch-theologische Bildung. „Exerzitien" meint im weiten Sinn, dass man, um im spirituellen Leben Fortschritte zu machen, regelmäßig üben muss. Ignatius vergleicht die geistlichen Übungen mit körperlichen: Wie der Körper regelmäßig trainiert, um sich zu kräftigen, so muss die Seele regelmäßig üben, um in der Gottesbeziehung zu wachsen und aus ihr zu leben (1).[3] Im engeren Sinn bezeichnet „Exerzitien" die konkreten Übungen, die Ignatius in seinem Buch dem Gott suchenden Menschen vorschlägt. Exerzitien verbinden Aszese (von griech. *askein*, üben), ein durchaus mühevolles und loslassendes Üben, und Mystik,

2 Als Einführung zu Ignatius und zum Exerzitienbuch: Stefan Kiechle (^{3}2020).

3 Das Exerzitienbuch wird nach dem „Autographen" zitiert, der ältesten, spanisch abgefassten Handschrift. Im vorl. Buch verweist eine eingeklammerte Zahl im Text immer auf die Randnummer des Exerzitienbuches. Übersetzung nach Peter Knauer, gelegentlich vom Verfasser verändert.

die Erfahrung der Gegenwart Gottes: Sie sind aktives Tun der Übenden und zugleich Tun Gottes, das die Übenden erfahren.

Theologie der Exerzitien. Das Exerzitienbuch richtet sich ganz auf spirituelle Praxis und ist kein theologisches Werk. Dennoch enthält es theologische Aussagen und regt theologisches Denken an. Theologisches Nachdenken mag helfen, den spirituellen Weg der Exerzitien besser zu verstehen. Dabei ergibt sich aus dem übenden Vollzug eine Sicht und ein Verständnis Gottes, und umgekehrt ergeben sich aus dem reflektierenden Verstehen Gottes Hinweise zum übenden Vollzug. Spirituelle Theologie will Spiritualitäten mit ihren Sprachen, mit ihren Menschen- und Gottesbildern, mit ihren Pädagogiken, mit ihren sozialen, kulturellen und kirchlichen Prägungen auf Aussagen über Gott hin ausleuchten und ausdeuten. Die ignatianische Spiritualität ist theologisch ungewöhnlich ergiebig – das kann hier nur angedeutet werden und muss sich in der Durchführung erweisen.[4]

Gott die Ehre. Über Gott selbst kann und darf Theologie nicht viel sagen. Daher geht der Fokus dieses Buches mehr darauf, wie Gott im Menschen und mit dem Menschen wirkt. Im Blick auf das Geschehen in Exerzitien versucht es aufzuzeigen, wer der Mensch vor Gott ist, was er von Gott erfährt und was Gott an ihm getan hat und weiter tut. Die fünf Abschnitte des Buches entsprechen den fünf

---

4 Karl Rahner sagt in seinem Aufsatz „Die ignatianische Logik der existentiellen Erkenntnis bei Ignatius von Loyola" von 1956, „die eigentliche Theologie der Exerzitien sei noch immer ein Desideratum" (SW 10, 368 f.). Seither wurden dafür Bausteine zusammengetragen – auch dieses kurze Buch sei ein Baustein.

Phasen des Exerzitienwegs: Von Gott wird der Mensch geschaffen, geheilt, gesandt, gerettet und geliebt. Der Blick geht also von Gott zum Menschen – und zugleich vom Menschen zurück zu Gott: Allein seinem Gott gibt der Mensch die Ehre, im Gebet, im guten Leben und – das ist der ignatianische Akzent – in seiner Lebenshingabe und im Dienst. Vom Menschen her betrachtet – denn nur von ihm her können Menschen schauen – sind die Bewegungen die des Empfangens und die des Gebens, die der empfangenen Gnade und die der zurückgebenden Tat. Die beiden Bewegungen werden zur Doppelbewegung der ehrfürchtigen Liebe, die am Ende die ignatianische Theologie zusammenfassen wird.

Weise des Vorangehens. Diese kurze Theologie der Exerzitien gibt keinen historischen, pastoralen oder theologischen Kommentar zum Text des Exerzitienbuchs – dafür gibt es genügend Literatur.[5] Sie versucht vielmehr, gleichsam essayistisch entfaltend, direkt in theologisches Nachdenken einzutreten, wobei selbstverständlich der Aufbau, die Begrifflichkeit und die Themen dem Exerzitienweg entstammen. Sie ist eine heutige Theologie, mit heutigen Fragestellungen und Denkweisen – die hermeneutische Brücke über fast 500 Jahre Distanz wird sie respektvoll zu schlagen versuchen. Diese Theologie ist maßvoll subjektiv: Der Theologe betreibt sie in der individuellen Perspektive seiner Geschichte, seiner Kultur und – selbstverständlich – seiner geistlichen Erfahrung. Und sie ist in Maßen selektiv: Aus der Fülle der Anregungen des Exerzitienbuchs wählt sie aus, was dem Theologen für heutiges

5 Siehe das Literaturverzeichnis; auf Spanisch, Französisch und Englisch gibt es mehr Literatur als im Deutschen.

Glauben und Denken relevant und anregend erscheint, und sie relativiert oder lässt beiseite, was ihm weniger relevant oder gar irreführend erscheint. Von der Fülle der Sekundärliteratur lässt sie sich anregen, aber sie setzt sich nicht direkt mit ihr auseinander und zitiert sie nur gelegentlich. Von Ignatius zitiert sie vor allem den Originaltext des Exerzitienbuchs; gelegentlich nimmt sie auch auf andere Texte von ihm und auf seine Biographie Bezug.[6]

Gefahren einer Theologie der Exerzitien. Dass man Elemente der Exerzitien, die allzu zeitbedingt sind, schnell ablehnt und damit unüberlegt das Ganze der Exerzitien verwirft. Dass man umgekehrt im Transfer für heute – hermeneutisch nachlässig – die schwierigen Elemente vereinfacht oder mit der guten Absicht, sie zu „retten" (vgl. 22), glattbügelt. Dass man den Text der Exerzitien überkanonisiert und so überexegetisiert, dass jedes Wort für heute bedeutsam sei. Dass man umgekehrt die historisch bedingten Exerzitien mit heutigen theologischen Fragestellungen heillos überfordert. Dass man in der gegenwärtigen rationalen und funktionalen Lebensweise der Versuchung erliegt, das Verstehen der Exerzitien schon für die Erfahrung zu halten oder es an die Stelle der Erfahrung treten zu lassen. Dass man aus dem Verstehen eines vielleicht intellektuell konstruierten oder spirituell idealisierten „Prozesses" vorschnell Maximen oder auch konkrete Entscheidungen für die Exerzitien-Praxis ableitet. Dass man generell die Theologie über- und die Erfahrung unterschätzt – oder umgekehrt.

---

6 Um die Kompliziertheit gendergerechter Sprache zu vermeiden, wechselt diese Theologie immer wieder zwischen weiblichen und männlichen Beispielen.

Gott gibt zu denken – darum betreibt der Mensch Theologie. Spirituelle Theologie nimmt geistliche Erfahrung als Quelle theologischen Denkens ernst. Diese kurze Theologie der Exerzitien legt die von Ignatius von Loyola begründete spirituelle Praxis für heutiges Fragen theologisch aus. Ihr Blick geht auf Gottes Wirken an dem, der Exerzitien macht, auf seine Beziehung zu Gott und auf sein Tun für ihn.

I. Geschaffen

Die erste Bewegung Gottes zum Menschen ist, dass er ihn erschaffen hat und ständig weiter erschafft. Ignatius beginnt den inhaltlichen Teil seines Buches ganz direkt: „Der Mensch ist geschaffen dazuhin …“ (23). Er beginnt also nicht wie die klassische Theologie mit einer Gotteserkenntnis oder -lehre, sondern er setzt beim Menschen an – deutet sich hier die anthropologische Wende der beginnenden Neuzeit an, nach welcher der Mensch Gott als Zentrum des Kosmos verdrängt? Im Text schließt sich an: „und die übrigen Dinge auf dem Angesicht der Erde …“: Eingebunden ist der Mensch in einen gewaltigen Kosmos, der „für ihn geschaffen“ (ebd.) ist. Dieser erste Abschnitt der Theologie der Exerzitien behandelt das „Prinzip und Fundament“ und einige Fragen zum Ganzen und zur Methode der Exerzitien.

1. Einzeln und gemeinsam

Die Seele. Ignatius spricht oft von „Seele" (span. *ánima*) und meint mit diesem Wort zum einen den ganzen Menschen, zum anderen auch spezifischer und im Gegenüber zu „Leib" den Menschen in seiner Innerlichkeit, Subjektivität, Persönlichkeit, Verantwortung.[7] Die menschliche Seele ist offen für Gott, sie ist Gottes fähig: „... dass der Schöpfer und Herr selbst sich seiner frommen Seele mitteilt, indem er sie zu seiner Liebe und zu seinem Lobpreis umarmt (*abrazándola*) und sie auf den Weg einstellt, auf dem sie ihm fortan besser dienen kann" (15). Hierbei ist immer Gott der Aktive, er stellt die – allerdings übende – Seele ein, seine Mitteilung zu empfangen. Dafür hilft der Seele, sich vom Alltag abzusondern: „Je mehr sich unsere Seele allein und abgesondert findet, umso geeigneter wird sie, sich ihrem Schöpfer und Herrn zu nähern und zu ihm zu kommen; und je mehr sie ihm so nahekommt, desto mehr stellt sie sich darauf ein, Gnaden und Gaben von seiner göttlichen und höchsten Güte zu empfangen" (20). Mit der Tradition kennt Ignatius drei „Seelenkräfte": Gedächtnis, Verstand und Willen[8] – sie alle werden beim geistlichen Üben eingesetzt (z.B. 50; 264).[9] Die Gottesbeziehung ist also nicht einseitig emotional oder umgekehrt rational bestimmt, sondern sie fordert den ganzen

---

7 Vgl. DEI 121.

8 „Wille" (*volundad*) ist im klassischen Sprachgebrauch nicht wie heute die vor allem rationale Kraft, etwas anzustreben und durchzusetzen, sondern eher die emotionale, affektive Energie der Seele.

9 Ausführlicher dazu Kiechle (1996) 352–355. Gegenüber dem rationaleren Thomismus erkennt Ignatius mit der augustinisch-franziskanischen Tradition eine gewisse Dominanz des Willens.

inneren Menschen in seiner Erkenntnis- und Liebesfähigkeit.

Der Leib. Entgegen dem Klischee, die Exerzitienspiritualität sei verkopft,[10] zeigt der Text doch klar die leiblichen[11] Anteile des Übens: Geistliches und leibliches Üben werden parallel gesetzt (1). Die Körperhaltung ist wichtig und frei wählbar (76). Immer wieder soll man „die Sinne anwenden" (121 ff. u.a.). Überhaupt spielt *sentir* (in etwa „sinnlich spüren") eine große Rolle, es meint eine Art leibliche Einsicht und Weisheit.[12] Essen und Fasten, Licht und leibliche Bußübungen (79 ff., 210 ff. u.a.) werden reflektiert und aktiv eingesetzt.[13] Zu Beginn jeder Übung soll man den Schauplatz aufbauen, das heißt mit den inneren Sinnen sich die Szene vorstellen und sie „spüren" (91 u.a.). In der Unterscheidung der Geister haben die „Regungen" einen eminent leiblichen Anteil (314 ff.).[14]

---

10 Das war sie in ihrer jahrhundertelangen Praxis durchaus; ihr Leibbezug wird seit einigen Jahrzehnten wiederentdeckt.

11 Das Spanische kennt für „Leib" und „Körper" nur ein Wort: *cuerpo* – hier mit „Leib" übersetzt, denn gemeint ist nicht der biologische, gleichsam materielle Körper, sondern der lebendige, geistig offene Leib.

12 Der italienische Philosoph Mario Perniola (2017) schreibt in seiner Studie zum katholischen Fühlen (ital. *sentire*), dass Ignatius, als im 16. Jh. die Kirche moralisch-spirituell heruntergekommen war, mit anderen das Fühlen oder Spüren wieder betonte: nicht eines der eigenen Innerlichkeit, sondern jenes der Welt – allerdings in Differenz zu ihr. So geschehe Unterscheidung der Geister. Dies sei katholisch, gegen alle spätere Rationalisierung und gegen allen Dogmatismus.

13 Auch wenn hierbei manches zeitbedingt und nach heutigem Maß „leibfeindlich" erscheint.

14 Dass die „Seele in diesem verderblichen Leib eingekerkert" sei (47), sind Reste einer alten, den Leib abwertenden Philosophie, die die christliche Spiritualität jahrhundertelang bestimmte. Bei Ignatius fließt sie teilweise noch ein, ist aber in anderen Texten und im Ganzen überwunden – diese Inkohärenzen spiegeln wohl den langen Redak-

Im Tod wird die Seele vom Leib getrennt; nach der Auferstehung erscheint Christus wieder „in Leib und in Seele“ (219). Der Leib wird also wertgeschätzt und aktiv in das geistliche Üben einbezogen. Der Leib ist ein gleichsam geistliches Mittel, das hilft, den Menschen zu Gott zu führen. Die innige Verbindung und Einheit von Leib und Seele gehören wesentlich zur ignatianischen Schöpfungslehre und Anthropologie.

Gaben von oben. Der Mensch empfängt von Gott Gaben (*dones*). Mehrfach nennt Ignatius die Gaben zusammen mit Gnaden oder mit Gunsterweisen (*gracias*, *mercedes*[15]: 20, 74, 87, 275). Am Ende der Exerzitien lässt er die Exerzitantin betrachten (234), welche Wohltaten (*beneficios*) sie empfing: Schöpfung (*creación*), Erlösung (*redención*) und besondere Gaben (*dones particulares*). Mit dieser Aufzählung blickt sie nochmals dankend auf den Weg der Exerzitien zurück, in ihr entdeckt sie eine Steigerung, und ihre Gaben sind insofern „besondere“, als sie wie jeder Mensch individuell Begabungen, Talente, Erfahrungen, Chancen erhielt – mit „Gaben“ meint Ignatius wohl immer diese besonderen Gaben: jene gnadenhaft, also umsonst erhaltenen „Dinge“ (*cosas*, 23), die die Exerzitantin schätzen, genießen und in der Wahl ihres Lebensstandes für einen Dienst einsetzen soll. Schließlich soll sie ausdrücklich „schauen, wie alle Güter und Gaben von oben (*de arriba*) herabsteigen“ (237). Das „Von oben“ aller „besonderen Gaben“ ist das anthro-

---

tionsprozess des Exerzitienbuchs wider. Am Ende hat Ignatius wohl nicht alles, was er durch Erfahrung und Studium als überholt erkannt hatte, redaktionell eliminiert.

15 *Mercedes* hat einen Zusammenhang zu Barmherzigkeit und erinnert an die „Gunsterweise“, die im Feudalismus ein hoher Herr seinen Untertanen gewährt: von oben nach unten und gratis.

pologische Fundament für jene oft so bezeichnete ignatianische Mystik der Entscheidung und des Dienstes.[16]

Ziel der Schöpfung. Über das Warum und Wie des Erschaffens, auch des Menschen, schweigt Ignatius; es scheint ihm selbstverständlicher Ausfluss des Gutseins Gottes zu sein – immer wieder nennt er ihn direkt „Güte“ (*bondad*: 20, 52, 98, 151, 157 u. a.). Über das Woraufhin oder Wozu der Erschaffung des Menschen äußert er sich allerdings deutlich: „um Gott, unseren Herrn, zu loben, ihm Ehrfurcht zu erweisen und zu dienen und mittels dessen seine Seele zu retten“ (23).

„Loben“ (*alabar*) meint, dass der Exerzitant ausdrücklich die Größe und Güte Gottes anerkennt und preist: mit Worten, in schweigender Anbetung, durch sein tätiges Leben.

„Ehrfurcht“ (*reverencia*) meint die Erfahrung von etwas Größerem, dem der Mensch sowohl in staunender Nähe wie in scheuem Zurückweichen begegnet. Sie ist eine starke Präsenzerfahrung des Selbst und zugleich eine Transzendenzerfahrung: ein Überstieg auf den Anderen hin. Ehrfurcht zu Gott gibt Gott *Ehre*, also Respekt und Wertschätzung, ist aber auch *Furcht*, nicht als Angst vor Bedrohung, sondern eher als Scheu und Scham, ja Demut, also Anerkennen des Geringseins vor dem gewaltig Numinosen.[17] „Ehrfurcht machen“ (so wörtlich: *hacer*) setzt den Menschen in die rechte Beziehung zu Gott, der

16 In den Briefen des Ignatius kommt das Motiv immer wieder; etwa schreibt er an Franz von Borja: „Wenn meine Gebete irgendeine Gunst erreichen, wird sie ganz von oben sein und von seiner göttlichen Güte herabsteigen“ (BU 104).

17 Nach Charlotte Pauli (2016); die Autorin setzt die Ehrfurcht psychologisch in Bezug zum Narzissmus, wobei ein gesunder Narzissmus die

größer ist als er, der vor ihm war und ihn geschaffen hat, der ihn stützt und führt und der ihn richtend-rettend zu sich holen wird.[18]

„Die Seele retten" (*salvar su ánima*) klingt nach Höllenangst: Nach dem Tod des Leibes müsse die jedenfalls sündige Seele, damit Gott sie nicht mit ewigen Qualen bestraft, irgendwie gerettet werden. Bei Ignatius mag zeitbedingt diese Vorstellung mitschwingen, und heute darf man getrost einiges von ihr beiseitelegen. Dennoch: Ohne göttliche Hilfe ist der Mensch von einem Tod bedroht, der irdisch endgültig ist. Jetzt in Gott geborgen zu sein gibt dem Menschen Trost und Zuversicht für dieses Leben und außerdem die Gewissheit, dass über den Tod hinaus sein Leben in Gott Vollendung finden wird – beides in *einer*, eben kontinuierlichen Bewegung. Ohne Jenseitszusage wäre irdisches Leben verzweifelt. Allerdings wird der Mensch sich nicht durch gute Taten selbst retten, sondern er wird sich „mittels" (*mediante esto*) des Lobens Gottes und der Ehrfurcht ihm gegenüber so in die rechte Beziehung zu ihm hineinführen lassen, dass er diese als vor jeglichem Unheil rettend und als unverbrüchlich, damit als über den Tod hinaus beständig und in diesem Sinn als ewig erfährt.[19]

Ehrfurcht fördert, ein krankhafter Narzissmus jedoch im Gegensatz zur Ehrfurcht steht und sie verhindert.

18 Erasmus von Rotterdam ermahnt in seinem *Enchiridion militis christiani* – von Ignatius in seiner Studienzeit gelesen – den Ritter, seinen Ehrgeiz zu bekämpfen und allein Gott die Ehre zu geben; vgl. Erasmus (2015) 178–180.

19 Span. *salvación* meint (irdische) Gesundheit und Heilung, aber auch (ewiges) Heil; *salvar* meint sowohl heilen als auch retten – zum sowohl irdischen als auch himmlischen Wohlergehen; vgl. Rainer Carls, Der Mensch als Geschöpf Gottes im Denken des Ignatius von Loyola, in: Gertler et al. (2006), 50–67, hier 62f.

Individuell und sozial. Die Exerzitien sind zuerst auf den Einzelnen konzentriert: „Der Mensch …“, so beginnt der Text fast feierlich. Schweigend, also allein mit ihrem Gott, macht die Exerzitantin individuell angepasste Übungen. Für genau ihre, keine andere Sünde erbittet sie Vergebung. Sie will Christus lieben und ihm nachfolgen, sie lässt sich dazu persönlich rufen. Sie sucht in der Wahl ihre individuelle Gestalt der Berufung. Sie schaut auf den Gekreuzigten, der für sie gelitten hat, und auf den Auferstandenen, der ihr begegnet. Sie will in allem mehr lieben und dienen lernen. – Dieser ignatianische Individualismus springt sofort ins Auge. Jahrhundertelang wurde er fleißig gepflegt, auch zum Klischee ironisiert – ist er schon alles? Vermutlich ist die soziale Verwobenheit des Geschöpfes Mensch heute mehr bewusst als im 16. Jahrhundert, als das Individuum gerade entdeckt und daher wohl umso mehr betont wurde. Doch auch die Exerzitien haben viele soziale Anklänge: Sünden sind in hohem Maß soziale Sünden. Sakramente werden in der Kirche empfangen und von ihr gespendet. In die Nachfolge sind „Jünger“ – in der Mehrzahl, in Gemeinschaft – gerufen. Die Wahl zielt auf einen Dienst – an anderen. Sie ist eine kirchliche Wahl, mit eigenen Regeln und mit Verbindlichkeit. Am Ende steht die Übung, „um Liebe zu erlangen“ (230 ff.)[20] – der für das Soziale sicher stärkste Text des Exerzitienbuchs: Liebe ist „Austausch (*comunicación*) von beiden Seiten her“ (231), also ein Geben und Empfangen, selbstverständlich in Beziehung, als gegenseitige Hilfe, mit Verantwortung. Als soziales Wesen, mit einem individuellen Weg, aber immer lebend in und aus Gemeinschaft, hingestreckt auf

20 Vgl. Kap. 23.

den anderen und sich einsetzend für den anderen, ist „der Mensch“ geschaffen und macht er Exerzitien.

> *Gott erschafft den Menschen, mit Seele und Leib, individuell und als soziales Wesen. Der Mensch soll sich Gott ehrfürchtig nähern und so in eine Beziehung zu ihm eintreten, die ihn trägt und rettet, auch über den Tod hinaus. Dazu empfängt er von Gott Gaben und Gnaden, die er genießen und aktiv für den Dienst nutzen soll. Im Austausch der Gaben wird er ein liebender Mensch.*

2. Gottunmittelbar

Schöpfer und Herr. Erstaunliche 17-mal (23 u.a.) kommt für Gott dieser Titel im Exerzitienbuch vor; meist ist Gott „ihr“ – der Seele – oder „unser“ – der Exerzitanten – Schöpfer und Herr. Damit wird Gott für die Exerzitantin zum ureigenen Gott, der sich binden lässt fast so, wie sie einen Besitz an sich bindet. „Schöpfer“ (*Creador*) ist die respektvolle Anrede für den, von dem sie herkommt und in dem sie sich geborgen und beschützt weiß; „Schöpfer“ bezieht sich auf das Gottesverhältnis im bisherigen Leben und im jetzigen Dasein. „Herr“ (*Señor*) ist in der Ritterwelt die ehrfürchtige Anrede für einen Höhergestellten: Der Ritter bindet sich mit Lehnseid an seinen Herrn, er vertraut ihm, er setzt sich mit Hingabe für ihn ein, er lässt sich von ihm beschützen und in den Dienst, ins weite Land führen; „Herr“ bezieht sich auf das Gottesverhältnis in seinem jetzigen Tun und im zukünftigen Leben. Dass Gott bevorzugt als „Schöpfer und Herr“ der „Seele“ gesehen wird, kennzeichnet das Gottesbild der Exerzitien: In seiner Güte erschuf Gott den Menschen. Dieser ist offen für Gott und lebt Freundschaft mit ihm. Gott spricht ihn persönlich an und liebt und führt ihn. Gott hat jede menschliche Person geschaffen, um für sie Herr zu sein und ihr Gnade zu erweisen: gütig, heilend, rettend.[21]

---

21 In den Satzungen der Gesellschaft Jesu wird „Schöpfer und Herr“ auch direkt für Jesus Christus angewandt. Beispiele: „in dieser Gesellschaft Jesu unseres Schöpfers und Herrn“ (Sa 51, GG 603); „… um in allem unserem Schöpfer und Herrn zu dienen, der für sie gekreuzigt wurde“ (Sa 66, GG 608); „… dass größerer Lobpreis Christi unseres Schöpfers und Herrn folge“ (Sa 602, GG 755). – Bei Ignatius ist theologische Rede oft auch christologisch deutbar, selbst wenn er selbst diesen Transfer nicht macht.

Der Schöpfer unmittelbar mit dem Geschöpf. Dieses Wirken Gottes (15) kann sich die Exerzitantin in ihrer Phantasie bildhaft vorstellen. Der Schöpfer wirkt (*obrar*) mit dem Geschöpf unmittelbar, etwa so, wie sie als Mutter – oder ein Exerzitant als Vater – sich um ihr neu geborenes Kindlein sorgt: liebevoll, zärtlich, ganz hingegeben. „Unmittelbar" (*inmediante*) bedeutet, dass dieser Gott weder Mittel noch Vermittlung verwendet, sondern gleichsam direkt an seinem Geschöpf und in ihm wirkt. Theologisch ungewöhnlich für die Zeit des Ignatius ist, dass es in dieser Gottunmittelbarkeit keine Kirche, keine Sakramente, keine Amtsträger, keine Lehre braucht, vermittels derer der Schöpfer an seinem Geschöpf wirkt.[22] Die Gnade kommt nicht durch die enge, exklusiv von Amtsträgern besetzte Pforte zum Gläubigen, sondern direkt und frei, ohne Hierarchie, ohne Methodik, ohne Kontrolle, gleichsam charismatisch, geistgewirkt, in den Formen unendlich vielfältig. Darf man hier kühn den Bogen zu Martin Luther schlagen, der zur gleichen Zeit eine ähnliche Gottunmittelbarkeit lehrte? Es ist eine direkte, also mystische Gotteserfahrung, die Ignatius anzielt und für möglich hält.[23] Allerdings relativiert er nicht Sakramente und kirchliches Amt – Luther tendiert später dazu –, sondern er integriert diese in seine Spiritualität und Mystik.

Das Geschöpf mit seinem Schöpfer und Herrn. Ignatius ergänzt diese Aussage durch die umgekehrte, noch ungewöhnlichere: dass das Geschöpf ebenso unmittelbar

---

22 Die Inquisition verdächtigte Ignatius wegen dieses Ansatzes, ein Alumbrado zu sein.

23 Karl Rahner dazu bewegend in seiner „Rede des Ignatius von Loyola an einen Jesuiten von heute", in SW 25, 299 ff.

mit seinem Schöpfer und Herrn wirke (15).[24] Offensichtlich bewirkt das Tun des Menschen auch etwas in Gott. Ignatius führt das nicht weiter aus, aber er könnte meinen, dass in der Gottesbeziehung wie in jeder Beziehung etwas ausgetauscht wird (vgl. 231), das beide Seiten verändert. Auch Gott wird bewegt – ist das deutbar im Sinn der „Regungen" (*mociones*[25])? Bewegt könnte er werden durch die betende Hinwendung der Exerzitantin zu ihm und durch ihr seelisches und mystisches Erleben, das von ihm gleichsam miterlebt wird – auch mitgenossen und miterlitten? Führt jedoch dieser Gedanke nicht zu einem ungehörigen Anthropomorphismus im ignatianischen Gottesbild? Auch wenn dem so wäre: Für die Exerzitantin ist es menschlicher, wenn ihre bewegte Beziehung zu Gott bei diesem – um bildhaft zu bleiben – nicht auf eine starre, unveränderliche, kalte Maske trifft, sondern auf ein Angesicht, das lebendig ist, sich bewegen lässt und in diesem Sinn emotional und geistig stützend, ja liebevoll mit ihrer Exerzitien-Bewegung mitgeht. In Christus zeigt ihr Gott dieses Angesicht.

Übungen geben. Die man heute „Exerzitienbegleiter" und „Exerzitant" nennt, heißen bei Ignatius einfach „der die Übungen gibt" bzw. „der sie empfängt" (6, 15 u. a.). Offensichtlich ist in allem methodisch ausgefeilten und intensiv gelehrten „Begleiten" der wichtigste Akt der, Übungen für den Exerzitanten auszuwählen und sie ihm persönlich so zu geben, dass jener sie alleine und selbständig machen kann. Der die Übungen gibt, braucht

24 Dieser Satz wird m. W. von den Kommentatoren vollständig übergangen.

25 Näheres bei der Unterscheidung der Geister, Kap. 9.

selbstverständlich eine gute Kenntnis möglicher Übungen, ihrer Wirkungen und eines sinnvollen Ablaufs von Exerzitienbewegungen und -themen. Er braucht auch ein gutes Gespür für die Person, die die Übungen empfängt, für ihre Regungen und Bewegungen und dafür, welche Übung in welchem Moment weiterhelfen kann. Der die Übungen gibt, soll sie – meistens sind es Phantasieübungen, Schriftbetrachtungen oder Gebetsübungen – knapp zusammenfassen und erklären, so dass der Übende sie eigenständig machen kann, mit seiner Phantasie und mit seinen inneren Bewegungen (2). Der Geber dirigiert nicht, sondern geht empathisch mit; vor allem hilft er dem Empfänger, die Geister wahrzunehmen und zu unterscheiden. Die Beziehung, die eigentlich bewegt ist, ist die zwischen Gott und der „Seele". Der Geber der Übungen ist gleichsam der Dritte im Bunde, der sich aber zurückhält, eben nicht *wirkt*, sondern wirken lässt und intensiv hinschauend dabei ist, selbst aber nicht eingreift: Der göttliche Geist wirkt „unmittelbar" (15), und der Mensch lässt dies zu. Im Dreiecksverhältnis der Exerzitien wird der begleitende Dritte nicht zu einem diese Unmittelbarkeit der beiden Hauptakteure störenden Mittel. Er ist weniger wichtig, bleibt weitgehend passiv, und er *will* nichts – wenn ihm dies zur narzisstischen Kränkung wird, muss er sie tragen. Er ist mehr ein Ermöglicher als ein Akteur, mehr ein Schauer als ein Macher. Durch die Auswahl der Übungen – seiner einzigen wirklichen Aktivität – führt er den Übenden immer wieder in Gottes Unmittelbarkeit zurück. Er hilft ihm, Störendes beiseitezuräumen, ja er wirft ihn gleichsam auf Gott – damit dieser wirken darf und die Ehre bekommt.

Wie eine Waage. Die, die Übungen gibt, darf den Übenden nicht durch das Geben von bestimmten Inhalten in eine Richtung treiben, auch wenn sie aufgrund ihrer Lebenserfahrung oder ihrer geistlichen Kenntnis weiß oder zu wissen meint, was für ihn besser wäre. Vor allem bei persönlichen Entscheidungen, die der Exerzitant im Gespräch mit Gott fällen will oder soll, hält sie sich zurück. Das Bild der Waage (15) bezieht sich auf einen beweglichen Balken, der schwebend mittig auf einem festen Punkt aufruht. An seinen beiden Enden hängen Schalen, die sich zunächst auf gleicher Höhe, eben waagerecht, halten und dann mit Gewichten beschwert werden. Das schwerere Gewicht drückt seine Schale nach unten und die andere nach oben. Wenn die Begleiterin „wie eine Waage" agiert, bleibt sie beim Entscheiden strikt neutral: Der Exerzitant beschwert selbst die Waagschalen und entdeckt so – durch den Geist, der in ihm wirkt –, welcher seiner alternativen Wege der bessere ist. Befolgt werden soll der Wille Gottes, nicht der Wille der Begleiterin – Entscheidungswege non-direktiv und dennoch helfend zu begleiten gehört zur großen Kunst derer, die die Übungen gibt.[26]

Freund oder Herr? Ist Gott ein hoher Herr, von dem die Übende abhängt, der sie zwar beschützt und führt und mit Gaben beschenkt, vor dem sie aber auch in Demut und Gehorsam sich zu verneigen hat? Oder ist er ein Freund, mit dem sie sich in gegenseitiger Freiheit trifft und sich

26 Hierzu mehr in Kap. 14. Wenn die „Seele" sensibel oder unreif ist oder vom Begleiter emotional abhängig wird, kann dieser sie, indem er das Bild der Waage ignoriert, leicht manipulieren und in eine Richtung drängen – hier beginnt der Missbrauch geistlicher Macht, oft subtil und lange unbemerkt.

partnerschaftlich, gleichsam auf Augenhöhe, austauscht? Ist die Beziehung zu ihm asymmetrisch, ein Geschehen zwischen Ungleichen, oder ist sie symmetrisch, zwischen Gleichen? Bedeutet das „unmittelbar" eine direkte und äquivalente, quasi auch symbiotische Nähe? – Nun hat Ignatius beide Gottesbilder: Wie aufgezeigt, spricht er oft von Gott als „Herr" oder „Schöpfer und Herr" – ihm ist mit Respekt und Vertrauen, auch mit Ehrfurcht und Gehorsam zu begegnen. Allerdings begegnet ihm die Exerzitantin an wenigen, doch bedeutsamen Orten als ihrem „Freund" – dieses Gottesbild wird immer christologisch gezeichnet: Sie geht ins Gespräch mit dem Gekreuzigten, mit dem man „wie ein Freund zu einem anderen spricht oder ein Diener zu seinem Herrn" (54) – hier werden ausdrücklich beide Möglichkeiten zur Auswahl gegeben; ähnlich bei der Übung der „Zwei Banner", in der Christus seine Rede an „alle seine Diener und Freunde" hält (146); später bringt der Auferstandene „ein Amt zu trösten", dabei soll man „vergleichen, wie Freunde einander zu trösten pflegen" (224) – ist Christus als Auferstandener also nicht mehr Herr, sondern immer Freund? Ohne der Versuchung des Überinterpretierens nachzugeben, kann man wohl sagen: Je nach persönlicher Situation darf sich die Exerzitantin Gott als ihrem Herrn *oder* als ihrem Freund nähern. Als Freund zeigt sich Gott eher in Jesus Christus als im Vater und im Geist: Jesus ist das Gesicht Gottes, mit dem Gott Augenhöhe und Nähe, Partnerschaft und Unmittelbarkeit, ja auch Intimität und „Symbiose" – enges Zusammenleben – zeigt. In seinem Trösteramt wird der Auferstandene zum Freund der Menschen; das wird noch genauer auszulegen sein. Gott ist Herr *und* Freund – man braucht die Bilder ja nicht unnötig in Gegensatz zu bringen. Als Herr meint er es so gut wie als Freund: Er erschafft und führt, er heilt und rettet, er tröstet und liebt.

Gott zeigt sich als Schöpfer und Herr. Die Exerzitantin darf ihm unmittelbar begegnen – auch ohne Vermittlung durch Amt und Sakrament. Gott bewegt sie, sie bewegt ihn. Die Begleiterin gibt ihr die Übungen und hilft ihr zur Begegnung, aber sie bleibt wie eine Waage, entscheidet nicht, steuert nicht. In dieser Mystik der Unmittelbarkeit kann Gott dem Menschen Herr oder Freund sein.

3. Die Dinge der Welt

Nutzen zum Ziel. „Die übrigen Dinge (*cosas*) auf dem Angesicht der Welt sind für den Menschen geschaffen und damit sie ihm bei der Verfolgung des Ziels helfen, zu dem er geschaffen ist" (23). Das klingt arg anthropozentrisch: Haben die „Dinge" keinen Eigenwert, werden sie nur für den Menschen und nur funktional, instrumentell geschaffen, und dienen sie ausschließlich seinem Nießbrauch? Öffnet Ignatius hier Tür und Tor dafür, die Welt wie mit einem Ritterheer zu erobern, gar die Völker zu unterjochen und sie und die Natur auszubeuten und zu zerstören – mit der bald folgenden Kolonialgeschichte und den heutigen ökologischen Problemen? Nun darf man auch hier nicht überinterpretieren. Ignatius spricht zunächst vom persönlichen Weg des Einzelnen. Mit Karl Rahner kann man von der „ignatianischen Mystik der Weltfreudigkeit"[27] sprechen: Die „Dinge der Welt" sind zunächst nicht verdorben und verführerisch, sondern gut und hilfreich. Der Mensch soll sich an ihnen freuen, sie genießen und nutzen – für sein gegebenes Ziel: Gott zu loben und ihm und den Menschen zu dienen. Dabei ist an ein pflegliches und wertschätzendes Umgehen mit den „Dingen" zu denken: Vom Schöpfer sind sie geschaffen, damit sie dem Geschöpf Mensch helfen – diese Realität des gemeinsamen Geschaffenseins führt zum wertschätzenden Gebrauchen, dankbar und zielorientiert. Gelobt wird Gott nicht durch zerstörte, sondern durch blühende und singende Natur. Der Exerzitant besinnt sich, welche

27 Karl Rahner, Die ignatianische Mystik der Weltfreudigkeit, in: SW 7, 279–293.

„Dinge“ – Leib, Seele und Geist; Beziehungen und besondere Gaben; Materielles und die Natur; Lebenschancen aller Art – er von Gott bekam und wie er sie künftig besser nutzen wird, für sich und für andere.

In allem Gott. Weil alle Dinge von Gott kommen, ist Gott „in allen Dingen“ präsent und spürbar. Zum Schwören etwa schreibt Ignatius, dass man nicht bei Geschöpfen schwören soll, denn man binde sich leicht an sie; die „Vollkommenen“ freilich dürften das, denn „… sie betrachten mehr, dass Gott, unser Herr, gemäß seiner eigenen Wesenheit, Gegenwart und Macht in jedem Geschöpf ist“ (39). Am Ende der Exerzitien lässt Ignatius „schauen, wie Gott in allen Geschöpfen wohnt“ – und er beschreibt die verschiedenen Arten von Geschöpfen, bis hin zum Menschen: „… indem er einen Tempel aus mir macht, da ich nach dem Gleichnis und Bild seiner göttlichen Majestät geschaffen bin“ (235). Ignatius kennt mehr die Immanenz Gottes – Gott in den Dingen – als die Transzendenz der Dinge – die Dinge in Gott. Er hält die heikle Balance zwischen zu viel Identität Gottes mit der Welt und zu viel Abstand beider. Freilich wollen Ignatius' Andeutungen dazu keine Theorie entwickeln, sondern sie regen zur Betrachtung an – mit seinen Andeutungen befindet er sich auf gutem Boden der zeitgenössischen Theologie.[28] Übrigens weist er selbst darauf hin, dass die „positiven Lehrer“ – er meint die Kirchenväter – mehr

28 Rainer Carls (2017) untersucht, ob und inwieweit der ignatianische Ansatz „panentheistisch“ ist. Er zeigt, dass dieser Begriff aus späterer Zeit stammt und auf Ignatius nur eingeschränkt angewandt werden kann, auch wenn er manches erklärt. Carls zeigt auch auf, wie Ignatius in seinem Ansatz aus Augustinus, Thomas von Aquin und Petrus Lombardus schöpft. Die heutige Frage, ob Gott – wenn er in allem

als die scholastischen Theologen „das Verlangen bewegen, in allem Gott, unseren Herrn, zu lieben und ihm zu dienen“ (363).

Ambivalent. Weil von Gott geschaffen, sind die Dinge zunächst gut und heilig und Orte der Gegenwart Gottes. Aber sie tragen auch eine Ambivalenz in sich: Sie können das Herz des Menschen binden, so dass er sie „in sich liebt“ und nicht „im Schöpfer von ihnen allen“ (316). Also begehrt er sie für sich, oft exklusiv und gierig und auf Kosten anderer, anstatt sie frei anzunehmen und zu genießen, sie zu teilen und für den Dienst einzusetzen. Indem er die Dinge nicht mehr als Geschöpfe Gottes dankbar wahrnimmt, sieht er nicht mehr den Schöpfer in ihnen, sondern sie bekommen einen Eigenwert, werden zum Ziel und Inhalt seines Begehrens und Agierens und führen ihn von Gott weg. In diesem Fall „hindern“ sie ihn „für sein Ziel“, „zu dem er geschaffen ist“ – er soll sie weglassen (23). Um die Dinge zu schätzen, aber zugleich ihrer Verführungskraft zu widerstehen, um also die rechte Balance zwischen Weltfreudigkeit und Weltflucht zu finden, braucht die Exerzitantin Unterscheidung der Geister, die sie auf dem Exerzitienweg einübt und ausübt. Mit Blick auf Novizen – sie sind ja der Urtyp des Exerzitanten – schreibt Ignatius in den Satzungen des Jesuitenordens: „Man ermahne sie häufig, in allen Dingen Gott unseren Herrn zu suchen, indem sie, sosehr es möglich ist, die Liebe zu allen Geschöpfen von sich entfernen, um sie auf deren Schöpfer zu richten und ihn in allen Dingen

---

ist – auch in Dingen sein kann, die krank oder böse oder tot sind, wird von Ignatius nicht gestellt.

zu lieben und alle in ihm, gemäß seinem heiligsten und göttlichen Willen."[29]

Indifferent/frei. Es ist „nötig, dass wir uns gegenüber allen geschaffenen Dingen ... frei (*indiferentes*) machen" (23). Dieser ignatianische Hauptbegriff – er zieht sich durch alle Theologie der Exerzitien – meint, dass die Exerzitantin die für sie attraktiven Dinge nicht einfachhin zu kriegen anstrebt, sondern ihnen gegenüber so gleichmütig und unabhängig, ja so distanziert und innerlich frei[30] bleibt, dass sie, wenn sie Zugriff bekommt, diese Dinge annehmen kann oder auch nicht – je nachdem, ob sie ihr zur Verfolgung des Ziels ihres Daseins helfen oder nicht. Dabei bleiben gute Dinge für sie gut und anstrebenswert, sie geht weder abwertend noch ängstlich mit ihnen um, und sie freut sich, wenn sie einiges davon bekommt, aber das Kriterium ihrer Annahme oder Ablehnung ist ausschließlich deren Helfen bzw. Hindern zum Ziel. Ignatius wechselt übrigens an dieser Stelle von „der Mensch" zum „wir": Von allgemeiner anthropologischer Aussage geht er zur persönlicheren Form über und spricht vor allem jene Menschen an, die sich auf den Exerzitienweg begeben. Innere Freiheit – so ist „Indifferenz" wohl am besten übersetzt – ist schwer zu erringen, sie muss durch den ganzen Exerzitienweg und ein Leben lang wachsen, sicher auch immer wieder mit Rückschritten und Umwegen. Zum einen ist

29 Sa 288, GG 670.

30 Im Deutschen ist die ignatianische „Indifferenz" zu unterscheiden vom allgemeinen Sprachgebrauch, in dem sie ja abwertend etwas wie Gleichgültigkeit bezeichnet: Wer beispielsweise religiös indifferent ist, hat kein Interesse an Religion, sie ist ihm gleichgültig. Positiv kann „gleichgültig" freilich auch wie „indifferent" verstanden werden: Mehrere Dinge sind zunächst einmal *gleich gültig*.

sie eine innere Haltung, die die Exerzitantin grundsätzlich und nachhaltig anstrebt, zum anderen „macht" sich die Exerzitantin (vgl. *hacernos*, 23) immer dann, wenn sie vor einer Entscheidung steht, für diese neu indifferent.[31] Das Gegenbild des indifferent-freien Menschen wäre der Süchtige, der von Mitteln, die ja in der Regel in sich gut sind, so abhängt und sie unter Druck und im Übermaß konsumiert, dass sie ihn einengen und schädigen; er ist nicht nur unfrei in dem, was er entscheidet, sondern er entscheidet nicht mehr. Frei ist der Mensch, der Gutes und Hilfreiches mit Dank, mit Genuss, im rechten Maß, mit Selbstlosigkeit und mit wirklichem Nutzen für sich und für andere annimmt und gebraucht.[32]

Gott erschafft die Dinge der Welt, auf dass der Mensch sie dankbar genieße und nutze, für gute, göttliche Ziele. In allem ist Gott gegenwärtig und erkennbar. Weil der Mensch jedoch dazu tendiert, sich ungeordnet an Dinge zu binden und sich so von Gott wegführen zu lassen, soll er sich ihnen gegenüber innerlich frei machen. In Exerzitien arbeitet er an dieser im Grunde lebenslangen Aufgabe.

31 Ob Indifferenz das eine oder das andere ist, wurde in der Interpretationsgeschichte kontrovers diskutiert. M.E. spricht nichts dagegen, dass sie beides in Ergänzung und Integration sein kann.

32 Dominik Terstriep (2009, 8) schreibt: „Indifferenz wird mal Ausflucht, mal anspruchsvolles Suchen und Unterscheiden. Sie ist vorübergehende Schwebe. Es gelingt ihr, den Differenzen schöpferisch standzuhalten, wenn sie nicht der Gefahr der Vergleichgültigung erliegt. Eine anspruchsvolle Haltung, die gleichermaßen geistliche, geistige, politische, moralische und alltägliche Lebenswelten prägt."

4. Sehnsucht nach Gott

Deseo/Sehnsucht. Dieser alte Begriff der Spiritualität (lat. *desiderium*) bedeutet so etwas wie Begehren, Wunsch, Verlangen; am häufigsten wird er deutsch mit „Sehnsucht" wiedergegeben, die allerdings nicht zu sehr emotional oder romantisch verklärend zu verstehen ist, sondern als ein inniges, meist unerfülltes oder irdisch unerfüllbares schmerzhaftes Verlangen nach einer Person oder einem Zustand. Aus einer tief empfundenen Leere sehnt sich der Mensch nach Fülle. Existentielle Sehnsucht kann zur Todessehnsucht werden oder auch, bisweilen zugleich, zur Sehnsucht nach dem Himmel und nach Gott. Ignatius spricht oft vom Ersehnen (*desear*) und meint meist konkrete geistliche Erfahrungen, um die man ausdrücklich bitten soll, verschieden je nach Exerzitienphase und Betrachtungsthema (48, 73, 87, 98, 130 u.a.). In seiner Korrespondenz betont er immer wieder, dass man die Sehnsucht nach geistlichen Gütern und nach Gott lebendig halten und pflegen soll.[33] Kandidaten des Ordens sollen „mit allen nur möglichen Kräften das ersehnen, was Christus unser Herr geliebt und umarmt hat … und sich mit derselben Kleidung und Dienstttracht unseres Herrn kleiden"[34]. Wenn aber diese Sehnsucht nicht oder noch nicht „entzündet" ist? Dann soll man erspüren, ob zumindest eine Sehnsucht nach der Sehnsucht[35] vorhanden ist, und mit dieser weitergehen. Die Sehnsucht nach Gott ist das innerste Motiv für den Exerzitienweg, daher soll

33 Hinweise und Texte dazu in DEI 565f.
34 Sa 101, GG 617.
35 Sa 102, GG 617.

die Exerzitantin sie stärken und sich aus ihr im Gebet an Gott wenden. Am Ende der Exerzitien fokussiert sie ihre Sehnsucht, hinaus über konkrete geistliche Güter, auf den Grund ihrer Gottesbeziehung, indem sie „mit viel Verlangen" (*afectandose mucho*) spricht: „... gib mir Deine Liebe und Gnade, denn diese genügt mir" (234).

Die Sehnsucht ordnen. Wo es um ein Verlangen geht, das auf konkrete Ziele oder Dinge gerichtet ist, spricht Ignatius, wie angedeutet, auch vom Anhängen (*afecto/afección*).[36] Wenn dieses nach Dingen verlangt, die zum Ziel hindern, nennt er es „ungeordnete Anhänglichkeit" (*afección desordenada*, 21 u. a.) – sie würde, gäbe man ihr nach, die Ordnung des Geschöpfes auf Gott hin, der ja sein Ziel ist, stören. Daher muss dieses Anhängen geordnet werden: Ungeordnete Anhänglichkeiten – Ignatius ist da nicht ganz kohärent – sollen zum einen „entfernt" werden (*quitar de sí*, 1), zum anderen soll man sich von ihnen „nicht bestimmen lassen" (*sin determinarse*, 21). Der Widerspruch könnte anzeigen, dass im Laufe des Wegs die Erkenntnis fortschreitet: Der Exerzitant wird entdecken, dass das anfangs gewünschte Entfernen der ungeordneten Anhänglichkeiten auch bei intensivem Üben nicht in seiner Macht steht. Stattdessen lernt er, ihnen weniger Macht über sich zu geben, sich also von ihnen in seinen Entscheidungen nicht bestimmen zu lassen. Sie dürfen da sein, aber er folgt ihren Handlungsimpulsen nicht. Was dafür helfen kann: Er versucht, sich zeitweise zum Gegenteil des ungeordnet

36 *Afecto* ist ins Deutsche nicht als „Affekt" zu übersetzen, denn dieser wäre deutlicher impulsiv und zerstörerisch, sondern eher als „Affektivität"; das auf Konkretes gerichtete Emotionale und Willentliche ist darin stärker als beim *deseo*.

angestrebten Guts hinzuneigen (16), um sich innerlich von der Anhänglichkeit zu befreien, oder besser: um sich befreien zu lassen, denn auch hier wirkt im Letzten nur Gott. Geordnet wird die Sehnsucht, indem sie sich immer mehr von solchen irdischen Gütern löst, die einengen und schädigen, und immer mehr sich auf Gott und seine Gaben und Gnaden richtet.

Sehnsucht Gottes. Hat auch Gott eine Sehnsucht nach dem Menschen? Bei Ignatius würde man diesen Gedanken zunächst nicht vermuten, aber in zumindest zwei wichtigen Texten ist er vorhanden: In der Betrachtung von der Menschwerdung (101 ff.) schaut die Exerzitantin, wie der dreifaltige Gott vom Himmel auf die Erde sieht, wie er gleichsam erschrickt über so viel Unordnung und Sünde, so viel Leid und Verlorenheit und Tod und wie er dann beschließt, „dass die zweite Person Mensch werde, um das Menschengeschlecht zu retten“ (102) – Gott hat gleichsam eine Sehnsucht, die von ihm geschaffene und geliebte Menschheit nicht zugrunde gehen zu lassen, und wird deswegen mit seinem großen Erlösungswerk aktiv. Und am Ende der Exerzitien betrachtet die Exerzitantin, wie „der Herr sich danach sehnt (*desea*), sich mir zu geben, nach seiner göttlichen Anordnung, sosehr er kann“ (234): Sie gibt sich ihm, er gibt sich ihr, in gegenseitigem Verlangen, zu einem liebevollen Austauschen dessen, was beide haben und sind.[37]

37 Als einen dritten Text dazu könnte man das schon in Kap. 2 erwähnte doppelte Wirken des Schöpfers mit seinem Geschöpf und des Geschöpfs mit seinem Schöpfer (15) erwähnen: Aus Sehnsucht nach seinem Geschöpf wirkt Gott unmittelbar in der Seele; die Seele ist dadurch ebenfalls zur Sehnsucht bewegt und wirkt auf Gott zurück – zwei Liebende verstärken ihre Sehnsucht füreinander.

Großmut und Freigebigkeit. Mit welcher Haltung tritt der Exerzitant in die Übungen ein? Ignatius spricht zuerst von *ánimo* (5), das so etwas wie den klaren und großen Mut meint. Dieser gründet auf Selbstvertrauen und leitet zum Vertrauen auf Gott, auf seinen Schutz und seine Führung hin, wobei auch das Selbstvertrauen nicht selbstgemacht ist, sondern in Gott gründet. Der gute Geist ist es, der dem Trostlosen Mut (*ánimo*) schenkt, außerdem Kräfte und Tröstungen, Tränen und Eingebungen (315). Auch der, der die Übungen gibt, soll dem Exerzitanten, wenn dieser unruhig oder trostlos ist, „für künftig Mut und Kräfte geben" (7). *Liberalidad* (5) ist die zweite Haltung des Exerzitanten: Das spanische Wort meint die Tugend, großzügig Güter zu verteilen, ohne eine Wiedergutmachung zu erwarten – gratis, aber nicht exzessiv. Die Kultur des 16. Jahrhunderts meinte mit dem Wort jene gewisse Vornehmheit des Freien, der überhaupt Güter besitzt, und dazu die Freiheit, diese zu verschenken: zugewandt, doch auch distanziert, weder verschwenderisch noch geizig, also mit „geordneten Affekten", und freigebig in dem Sinn, dass er *in Freiheit gibt*, verfügbar, dienstbereit, liebevoll.[38] Sind damit Exerzitien nur möglich für Menschen, die frei über Güter verfügen, also für Reiche? Ignatius präzisiert jedoch: „... indem er ihm (nämlich Gott) sein ganzes Wollen und seine Freiheit anbietet, damit seine göttliche Majestät sich sowohl seiner Person wie alles dessen, was

38 In den Briefen schreibt Ignatius öfters von der *liberalidad* Gottes (vgl. DEI 1124 f.). In den Satzungen fordert er auf, Gott für die Gönner des Ordens zu bitten, „er möge ihnen ... mit seiner unendlichen und höchsten Freigebigkeit mit ewiger Belohnung die Freigebigkeit vergelten, die sie gegenüber der Gesellschaft Jesu um seiner göttlichen Liebe und Ehrfurcht willen geübt haben" (Sa 640, GG 770).

er hat, entsprechend ihrem heiligsten Willen bediene" (5). Ob arm oder reich: Vor allem seine Person bietet der Exerzitant Gott an, außerdem sein freies Wollen, so dass Gott über ihn verfügen kann (vgl. 23, 234). *Großmütig und freigebig* geht er in die Exerzitien – wobei nur der vertrauend Mutige wirklich freigebig gibt und nur der Freigebige wirklich den Mut hat, seine Gaben, seine Freiheit und sich selbst anzubieten.

> *Gott pflanzt dem Menschen eine Sehnsucht ein, die ihn zu ihm zieht. Sie motiviert ihn zu Exerzitien. Zugleich sehnt sich Gott danach, den Menschen aus dem Dunkel seiner Existenz zu befreien und sich ihm zu schenken. Menschliche Sehnsucht muss geordnet werden auf Gott hin, damit man sich von Ungeordnetem nicht bestimmen lässt. Großmütig und freigebig soll man in Exerzitien eintreten.*

Geschichtlichkeit. Zu Beginn der Neuzeit wurde man sich neu bewusst, dass Mensch und Gesellschaft, Staat und Kirche nicht statisch sind, gleichbleibend geordnet nach ewigen Prinzipien, sondern ständig in Bewegung und im Fluss. Die Grundstimmung der Epoche war, dass „die Dinge" voranschreiten, aufbrechen, sich überbieten – nicht immer zum Guten, oft auch zum Schlechten oder Bösen. Das gilt auch für das Leben des einzelnen Menschen, und die Lebensgeschichte des Ignatius ist für ignatianische Theologie das Paradigma dafür, wie Gott mit einem Leben vorangeht und wie dieses sich unter seiner Führung entwickelt. Das Verb „vorangehen" (*proceder*[39]) kommt im Exerzitienbuch häufig vor, etwa als Weitergehen des Exerzitanten im vorgesehenen Ablauf der Übungen (z.B. 20, 204), als sein Vorangehen in guten Werken und vom Guten zum Besseren oder vom Bösen zum Schlechteren (315, 335), als ein durchaus zielgerichtetes Vorangehen des guten oder des bösen Geistes (333) und als ebenso strategisches Vorangehen der „Seele" gegen die Schlichen des „Feindes" (350). Das Vorangehen hat dabei immer ein handelndes und verantwortliches Subjekt, und es ist ein Gehen auf Gott zu oder von ihm weg. Der gute Geist hilft, indem er Tröstungen eingibt, „damit man in

39 Das Substantiv *proceso* kommt nur vor als „Reihe" der Sünden (19, 56). Im Deutschen spricht man gerne von „Exerzitienprozess": Das klingt statischer und anonymer, wie eine undurchsichtige und nicht steuerbare Entwicklung, der man sich ausliefert, ohne handelnde und verantwortliche Personen. Ignatius ist hier personaler, klarer. Die Satzungen sprechen viel von *proceder*, insbesondere auch als *modo de proceder* („Weise des Vorangehens", z.B. Sa 92, 137, 142) der Jesuiten.

guten Werken weiter vorangehe" (315). – Welt und Leben sind als *Geschichte* geschaffen: Diese ist aktiv zu gestalten. In ihr wirken verschiedene Kräfte, gute und böse. Ohne Gott ist sie bedroht unterzugehen. Der Mensch geht in ihr mit Verantwortung und in einer Sendung voran. Unter Gottes Wirken wendet sich die Geschichte zum Besseren und kommt zum Ziel allen Lebens. All dies gilt für den Einzelnen in seiner Lebensgeschichte auf persönliches Heil hin, es gilt für die Kirche in ihrer Heilsgeschichte auf Gottes Reich hin, und es gilt für die Menschheit in der universalen Geschichte auf Versöhnung und Rettung hin.

Pädagogik. „In dieser Zeit" – Ignatius meint seinen Aufenthalt in Manresa, also gleichsam seine erste Exerzitienzeit – „behandelte Gott ihn auf die gleiche Weise, wie ein Schullehrer ein Kind behandelt, wenn er es unterweist."[40] Exerzitien sind ein Vorangehen, und Gott ist der Pädagoge, der bewegt und unterweist, ermahnt und ausrichtet. Auch „der, der die Übungen gibt", ist Pädagoge, gleichsam subsidiär, Gottes Wirken mit seinem Wirken unterstützend. Dabei passt er sich an die übende Person an und begleitet sie durch die Exerzitien mit viel Respekt vor der Verschiedenheit der Erfahrungen, gerichtet nicht so sehr auf ein Vielwissen, sondern auf das „Verspüren und Verkosten (*sentir y gustar*) der Dinge von innen her", denn nur dieses „sättigt und befriedigt die Seele" (2). Das Ignatianische *ist* pädagogisch, weil nach dieser Theologie Gott den Menschen unvollkommen erschuf und daher dieser ein Leben lang lernen muss – nicht zufällig wurde die Gesellschaft Jesu zum großen Schulorden der Geschichte.

40 BP 27, GG 31.

Exerzitienpädagogik weckt im Lernenden die personale Antwort auf den Anruf Gottes, den Geist der Initiative, das Verlangen zu wachsen und den Wunsch nach Entscheidung und Aktion. Im Blick auf das ganze Universum, angedeutet schon im „alle Dinge" (*todas las cosas*, 23), ergreift der Exerzitant Verantwortung vor dem Angesicht seines Schöpfers in einer Geschichte des Kampfes von Gut und Böse, und das nicht nur für sich und individuell, sondern solidarisch mit Armen und verwoben in die Gemeinschaften der Kirche und der Menschheit. Exerzitienpädagogik „vereint Disziplin mit Freiheit, Struktur mit Flexibilität, Ordnung und Methode mit Anpassung an die Umstände der ‚Orte und Zeiten und Personen'"[41].

Üben. Dieses im Exerzitienbuch häufige Wort klingt nach Geschäftigkeit, Energie, Aktivismus; der Vergleich mit dem leiblichen Üben (1) klingt gar nach Athletik. Kann das spirituelle Leben so gemeint sein? In der Tat *macht* der Übende einiges: Er erforscht sein Gewissen, besinnt sich, betrachtet, betet (1); er nimmt das Fundament einer Geschichte, geht es durch und „verspürt", „sei es durch eigenes Nachdenken oder, insofern der Verstand durch göttliche Kraft erleuchtet wird" (2); beim Schlafengehen vergegenwärtigt er sich die erste Übung des folgenden Tages, beim Aufwachen denkt er sofort nur an diese Übung (73 f.); er wählt eine Körperhaltung „auf der Suche nach dem, was ich will" (76); er denkt nur an Dinge, die zum Thema seiner Übungen passen (78 ff., 229). Bei all dem hält der Übende eine Disziplin der Gedanken und der Gefühle, die er ständig fokussiert, um ganz beim Inneren

---

41 DEI 1428; mit Zitat von Sa 455 (GG 714).

und in der Kommunikation mit Gott zu bleiben. Er übt mit allen drei „Seelenkräften", wobei das Gedächtnis – z.B. „die Sünden ins Gedächtnis rufen" (50) – nur selten erwähnt wird, der Wille – die Affektivität, das Fühlen und Spüren – schon häufiger, der Verstand allerdings am häufigsten.[42] Sind Exerzitien damit ein bloßer spiritueller Aktivismus, ein ständiges Machen, gar ein Ausüben von Macht? Ziel des Übens ist nach Ignatius allerdings das „Einstellen" (*disponer*) der Seele daraufhin, dass sie empfängt. Üben bereitet *nur* dafür vor, Gnaden zu erhalten – Gott soll wirken können. Und selbst dieses Einstellen ist nicht nur und nicht vor allem Wirkung dessen, was der Übende macht, sondern es wird selbst von Gott gewirkt: „..., dass der Schöpfer und Herr selbst sich seiner frommen Seele mitteilt, indem er sie zu seiner Liebe und zu seinem Lobpreis umarmt und sie auf den Weg *einstellt*, auf dem sie ihm fortan besser dienen kann" (15).[43] Gott ist es, der zum Üben motiviert, der die zum Üben nötige Energie gibt, der selbst im Üben des Exerzitanten arbeitet, der dem Übenden eingibt, was er ihm eingeben will, und der

---

42 Man warf Ignatius deswegen Rationalismus, „Verkopftheit" vor. Aber zu schnell sollte man historisch nicht urteilen. Könnte es sein, dass Ignatius in seiner zum Affektiven geneigten Zeit seine Exerzitanten bewusst auch zum Nachdenken und zur vernünftigen Lebensgestaltung bringen wollte? Und dass man in der heutigen „verkopften" Kultur, sicherlich auch angeregt durch bessere psychologische Kenntnis, zu Recht mehr Wert auf die Entdeckung der Gefühle und auf die Arbeit mit diesen legt?

43 Hinzuweisen ist hier auch auf das Vorbereitungsgebet, das vor jeder Übung zu verrichten ist: „... um Gnade bitten, dass alle meine Absichten, Handlungen und Betätigungen rein auf Dienst und Lobpreis seiner göttlichen Majestät hingeordnet seien" (46). Das Üben will hinordnen auf das „Ziel"; jedoch *erbittet* man dies *als Gnade*, also als Wirken Gottes.

die übende Seele sich zum Dienst für die Menschen bereitet. Zu üben ist damit glaubende Antwort auf ein Tun Gottes, es drückt Hoffnung aus, oft wider die erfahrene Hoffnungslosigkeit. – Exerzitien zu machen ist zugleich passiv und aktiv in einem eigenwilligen und irdisch nicht auflösbaren Paradox. Alles ist Gnade, aber in menschlicher Freiheit und Verantwortung und im menschlichen Mitwirken.[44]

> *Gott hat Mensch und Welt in Geschichte erschaffen, sie sind ständig im Fluss und im Werden. Der Mensch muss immer vorangehen und lernen. Exerzitien sind daher eine Pädagogik: Diese ist erfahrungsorientiert und individuell, methodisch und eigenverantwortlich, freilassend und angepasst an Orte, Zeiten, Personen. Durch das vielfältige Üben des Menschen wirkt Gott im Menschen.*

44 Ausführlicher dazu: Dominik Terstriep, Sich üben. Ein Versuch über ignatianische Aszese, in: Gertler et al. (2006) 288–309.

II. Geheilt

Die „ungeordneten Anhänglichkeiten“ wurden schon erwähnt. In der zweiten Phase der Exerzitien – nach dem „Prinzip und Fundament“ ist es die Erste Woche – blickt die Exerzitantin ausdrücklich auf das Dunkel, das Leid und das Versagen in ihrem Leben. Sie erbittet vom barmherzigen Gott Heilung und Vergebung. Die von Ignatius dafür vorgesehenen Übungen sind stärker als die anderer Exerzitienphasen von zeitbedingten Bildwelten und Theologien bestimmt, die in heutige Kultur weniger gut passen. Daher wird in diesem Abschnitt stärker als sonst der Text des Exerzitienbuchs überschritten – es geht darum, für heute eine Theologie der Exerzitien zu formulieren.

Sünde. Von der Realität und Macht der Sünde geht Ignatius mit seiner Zeit ganz selbstverständlich aus. Sünde ist – wie gesehen –, wenn jemand „ungeordneten Anhänglichkeiten“ nachgibt und sich dadurch von Gott und von dem Ziel, zu dem er geschaffen wurde, entfernt. Wenn der Schöpfer sich der Seele unmittelbar mitteilen will (15) und wenn Liebe Kommunikation ist (231), dann gilt: „Die Sünde meint ... ein Hindernis oder ein Zurückweisen der Kommunikation, der persönlichen Beziehung mit Gott.“[45] Sünde ist Habgier, Egoismus, Hochmut. Sünder ist der vom Schöpfer gut geschaffene Kleine, der aber groß und mächtig sein will wie sein Schöpfer. Im Anschauen der Sünde geht Ignatius vom Allgemeinen zum Besonderen: Zuerst betrachtet man die Engelssünde (50): Der ganze Kosmos ist von Sünde durchwirkt.[46] Danach die Sünde Adams und Evas (51): Die Menschheit ist seit Anbeginn von Sünde verdorben.[47] Danach die Sünde eines beliebigen Menschen (53): Individuell haben sich alle mit Sünde infiziert und damit von Gott entfernt. Mit diesem Dreischritt bettet Ignatius die persönliche Sünde in den großen historischen und gesellschaftlichen Zusammenhang ein – gleichsam entmoralisiert er die persönliche Sünde: Die Exerzitantin ist affiziert von der überall waltenden Sünde; nicht nur sie allein ist „schuld“ und könnte in Untergangsängsten verzweifeln, sondern sie ist verstrickt in

---

45 DEI 1421.

46 Hier kann man modern die „strukturelle“ und auch die ökologische Sünde angedeutet finden.

47 Hier in modifizierter Weise die „Erbsünde“; übrigens nennt Ignatius entgegen dem biblischen Text Adam zuerst.

eine viel größere Schuldgeschichte: Welt und Menschheit haben sich von Gott entfernt und sind vom ewigen Tod bedroht. Diese soziale Verwobenheit aller Sünde wird ihre persönliche Sünde nicht verharmlosen oder entschuldigen, sondern sie wird sie *relativieren* – in Beziehung setzen. Mit der Scholastik unterscheidet Ignatius Todsünde von lässlicher Sünde[48] und konzentriert sich auf die Todsünde. Im nächsten Schritt lässt er die Exerzitantin, indem sie ihre Lebensgeschichte durchgeht, den „Verlauf“ (*proceso*) ihrer persönlichen Sünden anschauen (56).

Täter werden. Ignatius' Lebensgeschichte ist Folie für seine Theologie. „Bis zum Alter von 26 Jahren war er ein den Eitelkeiten der Welt ergebener Mensch und vergnügte sich hauptsächlich an Waffenübungen, mit einem großen und eitlen Verlangen, Ehre zu gewinnen“[49] – so beginnt er Jahrzehnte später seinen selbstkritischen Lebensrückblick. Mit „Eitelkeit“, „Vergnügen“ und „Ehre“ sind zentrale Momente seiner Sündentheologie genannt, insbesondere dass der Sünder nicht Gott die Ehre gibt, sondern sich selbst. Deutlich wird auch sein soziales Verstricktsein: Der Ritter erwarb Ehre vor den Menschen, er schlug andere um seines Besitzes oder seiner Ehre willen, er war eitel wie die „Welt“ und eroberte schöne Frauen – das war die Lebenskultur des Ignatius. Später in Manresa büßte er für seine früheren Sünden, allerdings in exzessiver und wenig erleuchteter Weise: Er verstrickte sich in Skrupel[50] und

48 Todsünde ist, wenn jemand bewusst und frei Böses tut in einer schwerwiegenden Sache. Nur Todsünde ist eigentliche Sünde, lässliche Sünde ist im analogen Sinn Sünde.

49 BP 1, GG 13.

50 Im Kapitel zu Skrupeln definiert Ignatius diese: „… wenn ich frei die Auffassung bilde, etwas sei Sünde, was nicht Sünde ist“ (346). Man

in Sündenängste, und verbunden mit seinen zwanghaften und depressiven Anteilen geriet er in aszetische Selbstbestrafungsrituale bis hin zu Suizidphantasien.[51] Unter den Skrupeln litt er monatelang und fand keinen Ausweg, bis Gott ihn, wie er lapidar schreibt, „um seiner Barmherzigkeit willen"[52] befreite. – In heutiger spiritueller Kultur ist das Sündenbewusstsein eher zu schwach als zu stark ausgebildet. Das rechte Maß ist zu finden: Jeder und jede ist Täter bzw. Täterin von Bösem geworden und wird es immer wieder. In Exerzitien schaut der Exerzitant seine Sündengeschichte an. Meist ist die Sünde sowohl strukturell als auch persönlich: Er wird hineingezogen in sündige Zusammenhänge, etwa profitiert er von ausbeuterischen Strukturen der Weltwirtschaft und hat darin – *nolens volens* – seinen sündigen Anteil, und zugleich ist er persönlich Sünder mit seinem Narzissmus, seiner Gier, seinem Hochmut. Wichtig in Exerzitien ist die Bitte um „Scham und Verwirrung" (48) und um „gesteigerten und intensiven Schmerz und Tränen über meine Sünden" (55): Wenn er im Innersten über seine Tätergeschichte erschrickt, findet der Exerzitant in die Beziehung zum barmherzigen und gnädigen Gott hinein.

---

bildet sich Sünden ein, die „objektiv" keine sind, und leidet unter entsprechenden Gewissensqualen und Verdammungsängsten.

51 William W. Meissner (1997) diagnostiziert aus der Lebensgeschichte des Ignatius, vor allem aus dem frühen Mutterverlust, mit Hilfe der Freud'schen Psychoanalyse eine „Pathologie des phallischen Narzissmus" (S. 73). Diese Deutung ist jedoch fragwürdig, weil mit nur spärlichen Daten aus der frühen Kindheit und außerdem mit großer historisch-kultureller Distanz eine solche psychoanalytische Diagnose seriös nicht möglich ist.

52 BP 25, GG 30.

Verdammt? Höllenangst war im Spätmittelalter allgegenwärtig: Wenn der Mensch so abgrundtief Sünder ist, wie kann er überhaupt einen gnädigen Gott finden? Luther und Ignatius werden von derselben Frage umgetrieben – heutiger Spiritualität ist sie fremd geworden. Als Mittel spiritueller oder moralischer Pädagogik lehnt die Theologie heute die Angst vor einem göttlichen Richter, der den Sünder verurteilen und in die Hölle werfen könnte, vehement ab. Wie aber dann mit den Aussagen des Ignatius umgehen? Man wird sie für heute nicht alle „retten" können, soll sie freilich auch nicht zu schnell „verurteilen" (vgl. 22). Mit der theologischen Tradition sagt Ignatius immerhin: Man soll Gott vor allem „aus reiner Liebe" dienen; wo diese nicht vorhanden ist, aus der ebenfalls im Grunde liebevollen „Sohnesfurcht"; erst zuletzt aus der mehr servilen und ängstlichen „Knechtsfurcht" (370). Und die Hölle, die Ignatius eigens betrachten lässt (65 ff.), darf man heute als innerste und schon irdisch erfahrbare Konsequenz eines Lebens verstehen, das sich völlig der Sünde ergeben und in Qualen des Bösen und in hoffnungsloser Gottesfinsternis verstrickt hat.

Opfer werden. Ignatius thematisiert umfassend die Sünde, also das Tätersein. Hingegen kommt das Opfersein der Exerzitantin zunächst nicht vor: Die meisten Menschen werden jedoch in ihrer Lebensgeschichte immer wieder Opfer der Bosheit und damit der Sünde anderer – diese Erfahrung ist heute oft mindestens ebenso stark und im Bewusstsein dominanter als die des Täterseins. Wer Opfer von Bösem wird, fühlt sich beschädigt und gekränkt, gedemütigt und verletzt – und auf andere Weise dem liebenden und barmherzigen Gott entfremdet. Nicht erst das Bekanntwerden des weit verbreiteten sexuellen Missbrauchs in ihrer innersten Mitte führte der Kirche vor Augen, was grausame Opfererfahrung ist, auch auf andere Weisen und an vielen Orten sind Menschen schon immer Opfer von Gewalt und Machtgier, von Verleumdung und Egoismus, von Unrecht und Krieg geworden. In der Stille der Exerzitien kommen diese Erfahrungen schmerzhaft zu Tage und wollen angesehen, ernst genommen und in der Gottesbeziehung erlöst werden. Kann sich die Exerzitantin mit dem Täter versöhnen, der Exerzitant der Täterin vergeben? Werden die Wunden heilen? Kann ein wenigstens innerer Ausgleich zwischen Opfer und Täter gelingen?

Zugleich Opfer und Täter. Mancher, der Opfer war und verletzt ist, trägt einen Groll in der Seele. Dieser gräbt sich tief ein und arbeitet dort, oft für lange Jahre. Bisweilen wird er ins Unbewusste geschoben und wirkt dort weiter. Manchmal drängt er nach außen und treibt das Opfer dazu, selbst anderen Menschen – oft wiederum unbewusst – Böses anzutun: im Bedürfnis nach ausgleichender Gerechtigkeit oder nach so etwas wie Rache. Wer gelitten hat, kann – oft ganz subtil und verborgen und für ihn selbst kaum verstehbar – boshafte oder sadistische Züge entwickeln. Das Opfer wird zum Täter. Gilt das auch umgekehrt? Ein Täter zieht Groll oder Hass auf sich und wird zum Opfer. Oder er hat, wenn er Kritik erfährt, Schuldgefühle und macht sich, um sich zu entlasten, zum Opfer. Opfersein und Tätersein kippen oft ineinander um, sie sind zwei Seiten derselben Medaille. Das Böse wird auf diese Weise immer weitergegeben, von Generation zu Generation durch die Geschichte – ist das „Erbsünde"? Für die Exerzitantin kann dies bedeuten: Sie ist Opfer und Täterin, beides in eins, oft undurchschaubar, unentwirrbar. Sie fühlt sich vor Gott zugleich schuldig und verletzt, beschämt und gekränkt. Ihre Schuld ist sowohl strukturell als auch persönlich. Ob dieses ganze Dunkel oder welche Teile davon ihre persönliche Schuld sind, kann oft kaum gesagt werden – ist es vor Gott wichtig? Wichtig ist, dass ihr großes dunkles Knäuel da sein darf und sie es der Barmherzigkeit Gottes hinhält. In einem umfassenden Sinn braucht sie Heilung. Diese kann sie nicht selbst machen, sondern sie empfängt sie von oben.

> *Gott verabscheut die Sünde, er liebt die Sünder. Sünde ist Abkehr von Gott, verstrickt in Geschichte und Gesellschaft. Die Exerzitantin ist Täterin des Bösen, sie schaut in die Abgründe ihrer Seele, und sie ist schmerzhaft Opfer des Bösen. Beides ist verwoben und oft unentwirrbar. Ihr inneres Dunkel darf da sein. Sie nimmt es an, hält es dem barmherzigen Gott hin und bittet um Heilung.*

7. Schuld und Scham

Was ist Schuld? Zum einen ist Schuld *(lat. debitum)* der zu bezahlende Schaden, den die böse Tat erzeugt; zum anderen (lat. *culpa*) ein Schaden, der nicht oder nicht mehr bezahlt oder wiedergutgemacht werden kann und daher – umsonst – des Erlasses, der Vergebung bedarf. Böses ist erst dann überwunden und vernichtet, wenn die Schuld bezahlt oder vergeben ist. Im Alltag wird Schuld oft verdrängt: Man muss perfekt, souverän, fehlerfrei dastehen; schuldig sind die anderen. Die Exerzitantin schaut nüchtern und ehrlich ihre Schuld und ihre Schuldgeschichte an: Wirkliche Schuld ist dort, wo sie zum einen eine Regel – oder einen Wert, ein Gesolltes – zwar kennt und anerkennt, zum Zweiten jedoch wissentlich durch ihre Tat genau diese Regel bricht oder den Wert verletzt und zum Dritten anders handeln könnte, den Bruch jedoch will. Im Anschauen ihrer Schuld soll sie nicht in Schuldgefühlen versinken und im Schmerz verzweifeln, sondern die barmherzig-vergebende Liebe Gottes erfahren. Oft stehen am Anfang des geistlichen Wegs rein ich-bezogene Schuldgefühle: Die Exerzitantin erschrickt darüber, dass sie ihrem Idealbild – im Grunde ihres Herzens wollte sie sein wie Gott – nicht entspricht; in Wirklichkeit ist jedoch nur ihr narzisstisch aufgeblähtes Selbstwertgefühl gekränkt. Zu echter Erfahrung von Schuld durchzustoßen bedeutet für sie, realistisch ihre Begrenztheit wahrzunehmen und darüber in aller Nüchternheit ihre böse Tat anzuerkennen: vor ihrem Gewissen, vor ihren Mitmenschen und vor ihrem Gott.[53]

---

53 Zur psychologischen Sicht von Schuld und Scham in den Exerzitien vgl. Stanislaw Morgalla (2020).

Schuldgefühle. Der Narzisst hat möglicherweise Schuld, empfindet aber keine Schuldgefühle – diese wären eine unerträgliche Demütigung seines Grandiositäts- und Allmachtsanspruchs; er will geehrt werden, um sich geliebt und wertvoll zu fühlen, und kann die Ehre nicht Gott geben. Hingegen hat der Skrupulant, wo er keine Schuld hat, Schuldgefühle, denn nur diese bestätigen sein miserables Selbstbewusstsein; um die Ehre nur Gott zu geben und selbst nichts zu sein, beraubt er sich aller Ehre und Würde. – Die Frage nach der rechten Ehre durchzieht die Exerzitien; in spätmittelalterlicher Spiritualität waren wohl die Skrupulanten häufiger, heute sind es, in ganz anderer Lebenskultur, die Narzissten. Kennzeichen übertriebener Schuldgefühle sind etwa: mit Regel und Ordnung zwanghaft umzugehen; sich selbst unangemessen oder übertrieben abzuwerten; sich mit Schuldgefühlen von Druck zu entlasten oder Gewinn zu machen. Kennzeichen unentwickelter Schuldgefühle sind etwa: sich für großartig zu halten; bei Kritik beleidigt zu sein und Kritiker abzustrafen; Fehler nur bei anderen zu suchen. Kennzeichen realistischer Schuldgefühle sind etwa: nach ehrlicher Prüfung die Absichten als egoistisch und das Tun als unverantwortlich zu sehen; einzusehen, dass man in der Tat das nötige ethische Wissen hatte und außerdem genügend Spielraum, anders zu entscheiden; wirkliche Zerknirschung und Reue zu empfinden: um der anderen und um Gottes willen. Schuld ist begrenzt und konkret, nicht allgemein und überflutend. Wer sie erkennt, übernimmt Verantwortung, bereut sein Tun, will sein künftiges Verhalten ändern, richtet sich auf.

Scham. Warum lässt Ignatius ausdrücklich um Beschämung bitten (48)? Sein Bild ist: Der Ritter hat versagt und wird nun vor dem ganzen Hof bloßgestellt. Beschämt und verwirrt steht er da – wo er doch vorher von seinem König so viele Gunsterweise empfangen hatte (74)![54] Scham betrifft einen Makel, den man lieber geheim hält. Scham ist dialogisch und oft körperlich: Vor den Blicken anderer schämt man sich, man „schlägt die Augen nieder“, „versinkt in den Boden“ – der nackte Adam versteckt sich vor Gott. Scham bewertet, sie negiert das Gefühl, wertvoll oder gut oder schön zu sein, sie stellt die Existenz in Frage. Scham ist weniger konkret; sie sagt nicht wie die Schuld, der Exerzitant habe einen Fehler begangen, sondern sie lässt ihn empfinden, er *sei* ein Fehler. Scham sucht, sich zu verbergen, bisweilen zeitigt sie aber auch das Bedürfnis, sich zu offenbaren. Schamlos ist, wer seine Schuld öffentlich ableugnet oder sie bagatellisiert. Mit der Bitte um Scham holt die Exerzitantin ihr sündhaft idealisiertes Ich auf den Boden der Realität. Allerdings soll sie nicht vor lauter Scham ins Nichts sinken, sondern beschämt bekennt sie vor Gott ihre Wahrheit und ihre Hilfsbedürftigkeit. Mit der Scham gibt sie Autonomie an Gott ab und ihm die Ehre. Sich schämen zu können ist für sie heilsam. Wirkliche Scham ist Gottes Werk, das sie deswegen von ihm erbittet. Wer Vergebung erfuhr, schämt sich nicht mehr.[55]

---

54 Zur Zeit des Ignatius war die Schamkultur so stark ausgeprägt, weil der zentrale Wert die Ehre war. Diese war eng an die Familie und an hochstehende öffentliche Personen gebunden. Ehre war ein soziales und öffentliches Gut, dessen Verlust beschämend war und das es entsprechend zu verteidigen galt. Eine moderne individualistische Kultur kennt die Scham entsprechend weniger. Vgl. DEI 1769.

55 Gaston Fessard (1966, 125–256) macht die Scham (*la verguënza*) zu einem Schlüssel seiner Exerzitiendeutung – aus heutiger Sicht wohl überinterpretiert.

Missbrauch und Schuld. Wer missbraucht wurde, ist Opfer – zu denken ist hier an sexuelle Gewalt, aber auch an Missbrauch geistlicher oder anderer Macht, an psychische oder materielle Ausbeutung. Missbrauch geschieht in asymmetrischen Beziehungen, und fast immer spielt Macht eine Rolle. Schuldig ist nicht die missbrauchte Person, sondern allein die missbrauchende. Wer missbraucht wurde, ist nicht nur schwer verletzt und oft traumatisiert, sondern er oder sie fühlt sich oft selbst wertlos, schmutzig, auch schuldig – und schämt sich deswegen. Doch als Opfer ist die Exerzitantin nicht schuldig – in Exerzitien muss sie sich langsam und schmerzhaft dieser Einsicht annähern. Sie ist von Gott geschaffen und geliebt und muss diesen Wert wiederentdecken. Ihre Scham muss sie ablegen und Selbstbewusstsein gewinnen. Zu schnell soll sie sich nicht bemühen, dem Täter zu vergeben, denn dies würde sie überfordern. Gott will mit seiner Liebe zuerst die Integrität und Würde des Opfers wiederherstellen, alles andere darf später geschehen. – Und der Täter? Dieser hat in seinem Narzissmus oft keine Empathie und kaum Schuldgefühle. Er muss seine Schuld erst mühsam erkennen und sich für sie schämen lernen – ein schmerzhafter und langer Weg. In Exerzitien bittet er um „Beschämung und Verwirrung“, um „gesteigerten Schmerz und Tränen“ über seine Sünde (48, 55). Durch solche Buße und innere Umkehr hindurch entdeckt der Missbraucher – und wer hat noch nie, zumindest ansatzweise, Macht missbraucht? – Gottes barmherzige und verzeihende Liebe für sich und für andere.

Gott will wirkliche Schuld vergeben. Dazu muss der Exerzitant sie erkennen, anerkennen und bereuen. Schuldgefühle, wo sie angemessen sind, helfen ihm dazu. Scham ist oft körperlich und zugleich sozial – unter dem Blick des anderen schmilzt der Selbstwert. Angemessene Scham gibt Gott die Ehre zurück. Wer missbraucht wurde, darf Scham überwinden und die heilende Liebe Gottes entdecken.

8. Gott vergibt – Gott heilt

Der Täter lässt sich vergeben. Wer sich selbst oder anderen Menschen – und damit dem Schöpfer – Böses angetan hat, braucht Vergebung. Von Menschen ist diese nur unvollkommen, oft überhaupt nicht zu bekommen. Nur Gott gibt sie immer und ganz. Damit sie nicht nur gewusst, sondern heilend erfahren wird, braucht es innere Umkehr zu Gott. Dazu helfen, wie bereits gesehen, Anerkennung der Schuld, Scham und Reue, Schmerz und Tränen über die Sünden. Vor allem braucht es immer wieder die inständige Bitte um Vergebung in der täglichen Gewissenserforschung (43) und in anderen Gebetsweisen (z. B. 241). Mit der Bitte um Vergebung anerkennt man, dass man selbst die Schuld (als *debitum*) nicht abbezahlen kann, sondern dass Gott sie in vergebene, ja glückliche Schuld (*felix culpa*[56]) verwandeln muss. Nach Ignatius vergibt Gott dadurch, dass er die Sünde *nicht bestraft*: Die Geschöpfe hätten den Sünder vernichten können, aber dieser sieht, „wie sie mich am Leben gelassen und darin erhalten haben“ (60); Gott schenkte „mir bis jetzt das Leben“ (61): Indem er dieses, das durch Sünde verwirkt war, zurückschenkt, vergibt er Sünde. Im „Schenken“ ist angedeutet, dass Gott seine Vergebung ganz umsonst gewährt, ohne Bezahlung oder Gegengabe, also *gratis* – er nimmt die Schuld einfach weg, sie gilt nicht mehr, sie wird durch reine Barmherzigkeit, „von oben“ (237) her, erlassen, ja vernichtet. Indem die Exerzitantin über Gottes Barmherzigkeit „mit gesteigertem Verlangen staunt“ (*admirative con crecido afecto*, 60), darf diese mehr in ihr Herz

56 So die bekannte Formel im *Exsultet*, dem Lobgesang der Osternachtsliturgie.

eindringen. Heute wird man theologisch weniger betonen, dass Gott nicht straft, dafür mehr, dass er den Schuldschein zerreißt, dem gequälten Gewissen Frieden gibt und neues Leben und Trost schenkt. – Wenn darüber hinaus der Täter sich mit dem Opfer wirklich versöhnen[57] kann: umso besser und umso tröstlicher.

Das Opfer lässt sich heilen. Wer zum Opfer der Sünde anderer wurde – dieser Aspekt kommt bei Ignatius, wie erwähnt, weniger vor –, meint oft fälschlich, selbst schuldig zu sein und für diese nicht vorhandene Schuld Vergebung zu benötigen. In Wirklichkeit braucht er jedoch Heilung seiner Wunden. Diese kommt in aller Regel nicht vom Täter – auch deswegen fällt es Opfern oft schwer, ihren Tätern zu vergeben. Also muss auch die Heilung „von oben" kommen. Auch sie wird *gratis* geschenkt, gnadenhaft, ohne Mitwirken oder Gegengabe – man darf und muss immer wieder um sie bitten. Sie vernichtet in der Seele des Opfers den Schaden oder macht ihn unwirksam. Sie bewirkt, dass der Schmerz verschwindet und Trost und Friede einkehren. – Wenn darüber hinaus eine wirkliche Vergebung der Tat oder gar eine Versöhnung mit dem Täter möglich ist: umso größer die Gnade und der Trost.

Gratis heilend vergeben. Opfersein und Tätersein sind, wie angedeutet, oft eng beisammen und ineinander verwoben.

---

57 „Vergeben" meint, dass das Opfer dem Täter zunächst einseitig, vielleicht ohne Kontakt mit ihm und oft ohne dass jener etwas davon erfährt, die Schuld gleichsam innerlich erlässt; der heilende Effekt ist beim Opfer – das Opfer vergibt vor allem um *seines* Friedens willen. Hingegen meint „Versöhnen", dass das Opfer dem Täter in direkter Kommunikation die Schuld aktiv vergibt und dieser die Vergebung annimmt – die Beziehung beider wird geheilt und erneuert.

Die Exerzitantin wird das eine dunkle Knäuel ihrer Seele dem Schöpfer und Herrn hinhalten und ihn darum bitten, geheilt zu werden *und* vergeben zu bekommen, beides oft als ein einziger Vorgang. Wenn sie von oben die Barmherzigkeit Gottes *erfährt*, die das Dunkel erhellt und das Kranke heilt, wird sie gleichsam – im alten Bild gesagt – durchdrungen werden vom göttlichen Gnadenstrom. Dieser kann durch sie hindurchfließen, auch auf andere hin, denen sie dann – schrittweise und nicht ohne Schmerz – von ihrer Seite her vergibt. Aber auch das ist *Geschehen*, das sie zulassend erfährt, gnadenhaft, gratis. Vielleicht helfen ihr neutestamentliche Heilungsgeschichten, in denen Jesus ja oft Sünden vergibt *und* Krankheiten heilt, beides in einer einzigen Tat, die die Menschen bewegt und erstaunt und zum Glauben führt.

Der Gekreuzigte. Warum lässt Ignatius an dieser Stelle – überraschend, weil vor der ausführlichen Beschäftigung mit dem Leben Jesu – ein Gespräch mit dem Gekreuzigten führen (53 f.)?[58] Der am Kreuz hängende Christus zeigt dem Exerzitanten auf eindrückliche Weise die barmherzige, vergebende und heilende Liebe Gottes: *Als Schöpfer* wurde Christus Mensch und ging in den Tod, um „für meine Sünden" zu sterben: Um den Exerzitanten – sein geliebtes Geschöpf – zu retten, unternimmt er das gewaltige Erlösungswerk. Der Gekreuzigte ist selbst einerseits Opfer (lat. *victima*) des Bösen – unschuldig umgebracht und darin solidarisch mit dem *Opfer*sein des Exerzitanten; er zeigt ihm, dass Gott in die Hölle seiner Verletzungen, ja seines inneren Sterbens mitgeht, diese jetzt schon heilt und

58 In den Kap. 17 bis 19 mehr zur ignatianischen Kreuzestheologie.

in der Auferstehung endgültig überwindet. Andererseits gibt der Gekreuzigte sein Leben als Opfer (lat. *sacrificium*[59]) für die Sünden, um stellvertretend für den Exerzitanten, insofern dieser Täter ist, die nötige Sühne zu leisten[60] – er ist solidarisch mit seinem *Täter*sein und verschafft ihm so Vergebung; er zeigt ihm, dass *Gott* seine Schuld wegnimmt und sich mit ihm versöhnt. – Im Exerzitienbuch kommt häufig das „für meine Sünden" vor; damit steht für Ignatius die Solidarität Jesu mit dem Tätersein im Vordergrund. Der heutige Exerzitant darf sicherlich je nach persönlicher Situation beides im Gekreuzigten sehen: Gott zeigt sich im Gekreuzigten als Erbarmer *all* seines Dunkels, er teilt sich ihm heilend *und* vergebend mit.[61] Umfassend wird die Seele von Gott „zu seiner Liebe und seinem Lobpreis umarmt" und damit „auf den Weg eingestellt, auf dem sie ihm besser dienen kann" (15).

Bußübungen. Was Ignatius zur Buße (*penitencia*) schreibt (82 ff.), befremdet: Strenge Entsagung und körperliche Züchtigung gelten heute als leibfeindlich, destruktiv, autoaggressiv und daher als untauglich für spirituelles Üben. In Manresa betrieb Ignatius Kasteiungen bis zum Exzess, und nur langsam kehrte er sich davon ab. Im Exerzitienbuch ist er nicht ganz kohärent: Man solle „vom Angebrachten" möglichst viel wegnehmen, es soll „schmerzen" – oder doch nicht (84, 86)? Sind hier wiederum verschiedene Redak-

59 Die beiden lateinischen Opferbegriffe (so auch engl. *victim/sacrifice* und franz. *victime/sacrifice*) sind im Deutschen nur einer: Einerseits verunklart dies die Rede, andererseits zeigt es den inneren Zusammenhang beider Aspekte auf.

60 Dazu mehr in Kap. 18.

61 Das spätmittelalterliche *Anima Christi*, das Ignatius als Gebet zum Gekreuzigten empfiehlt, enthält umfassend diese Aspekte.

tionsstufen des Textes am Ende nicht harmonisiert,[62] der frühere „leibfeindliche“ Einfluss also nicht genügend ausgemerzt worden? Wie dem auch sei: Wenn man heute zu Recht alle falsche Theologie und alle überzogene Praxis ablehnt, so weiß man doch auch wieder mehr, dass etwa Schweigen und Abgeschiedenheit, Fasten und körperlich fordernde Übungen, angewandt im rechten Maß,[63] wirksam helfen, innere Leere zu schaffen, denn nur diese lässt zu, dass Dunkel und Versagen und Schmerz nicht weggeblendet werden, sondern vor Gott da sein dürfen – und nur so geheilt werden können. Entsagung verhilft auch zur Indifferenz: Wer an Dingen, auch guten, ungeordnet hängt, soll sich ihrer für eine gewisse Zeit ganz entledigen, sich also gleichsam zum Gegenteil seiner Unordnung hinneigen, um sich dadurch in die rechte Mitte einzustellen und künftig gute Dinge *frei* zu genießen und zu nutzen (16, 84).

Gott vergibt dem Täter der Sünde, und er heilt das Opfer der Sünde – beides oft in eins verwoben. Was Menschen kaum schaffen: Gott schenkt, ohne Gegenleistung, umsonst. Im Gespräch mit dem Gekreuzigten spürt die Exerzitantin die sich hingebende und heilende Liebe Gottes. Wenn sie durch Fasten oder Buße innere Leere schafft, hilft ihr dies, die Barmherzigkeit Gottes anzunehmen.

62 Vgl. oben Anm. 14.

63 Als General des Ordens ermunterte Ignatius junge Jesuiten zu Bußübungen, gleichzeitig warnte er vor Übertreibungen. Im berühmten Brief an die Scholastiker in Coimbra schreibt er: „Es kommt vor, dass man, um den alten Menschen zu kreuzigen, den neuen kreuzigt und wegen der Schwäche nicht die Tugenden üben kann“ (BU 146); es geht um das rechte Maß zwischen Lauheit und Übereifer.

Regungen. Alles geistliche Üben ist auch Unterscheidung der Geister.[64] Wichtig für Ignatius sind „Regungen" (*mociones*, 313). Er meint damit alles, was sich in der Seele bewegt, also Gefühle, Gedanken, Stimmungen, Bilder, Sehnsüchte; weiterhin „Dinge", die locken, also anziehend und begehrenswert sind, und solche, die abstoßen, also Abwehr hervorrufen, Angst machen oder auch hindern, stören, schädigen. Regungen sind sowohl emotional wie rational, sie sind angenehm oder unangenehm, sie kommen mehr von innen oder mehr von außen, sie treiben an oder blockieren, sie machen Lust oder ziehen nach unten. In der Ersten Woche sind die Regungen stärker affektiv, also emotional-triebhaft (über den *afecto*, die *volundad*) bestimmt, aber der Exerzitant soll auch alle drei Seelenkräfte (50, 51) und die inneren Sinne (66ff.) anwenden. Regungen soll er „verspüren und erkennen" (*sentir y conocer*), damit er die Guten annehmen und die Bösen abweisen kann (313).

Geister. Mit der Tradition nennt Ignatius die Regungen auch „Geister". Im Bild sind dies geistige Kräfte, die dem Exerzitanten etwas einflüstern, ihn zu etwas hinziehen oder ihn von etwas fernhalten wollen; man kann sie als äußere Kräfte oder als innere Stimmen deuten. Es gibt gute Geister oder Engel,[65] die von Gott oder vom Heiligen

64 Hier nur knapp und für die Erste Woche erwähnt; weitergeführt für die Zweite Woche und die Wahl in Kap. 15.

65 In der Engellehre ist Ignatius ganz traditionell, vgl. DEI 157ff.; sie sind Mittler göttlicher Botschaften, hilfreiche Begleiter in allen Lebenslagen, auch Symbole der Lauterkeit (vgl. die „engelsgleiche Reinheit": *puridad angélica*, Sa 547, GG 739).

Geist[66] kommen. Und es gibt böse Geister oder Dämonen oder Abergeister, auch „Feind der menschlichen Natur" (7, 10, 135 u. a.) genannt; sie sind gefallene Engel (50), die, obwohl Geschöpfe Gottes, ihre von Gott geschenkte Freiheit missbrauchen – das Böse ist ein Problem fehlgeleiteter Freiheit. Übrigens kennt Ignatius keinen kosmischen Dualismus, nach dem zwei ebenbürtige Kräfte – Gut und Böse, Gott und Teufel, Geist und Abergeist – mit offenem Ausgang gegeneinander kämpfen würden. Für ihn sind die Dämonen *nur* geschaffen; am Ende unterstehen sie Gott, und der gute Geist wird stärker sein und siegen.

Geister in der Seele. Ignatius verlagert den Geisterkampf in die Seele: Dort kämpfen die Geister um Einfluss, also darum, die Seele für sich zu gewinnen. Diese theologische Anthropologie ist eigen: In der Psyche des Menschen wirken direkt, ja „unmittelbar" (15) der göttliche Geist und zugleich der Abergeist. Indem jemand seine Seele als Wirkraum dem Geist zur Verfügung stellt und zugleich aus ihr den Abergeist vertreibt, wirkt Gott im Menschen! Das Menschenbild ist optimistisch: Die Seele in ihrem Kern ist durch die Sünde nicht so stark verdorben, dass sie gar nichts mehr erkennen oder wirken könnte und daher allein die Gnade, gleichsam von oben einfallend, das Gute wirken müsste, sondern *in* der Psyche sind trotz der Sünde so viele gute, göttliche Kräfte bleibend wirksam, dass der Mensch durch Unterscheidung der Geister Wichtiges zu seinem Heil beitragen kann. Allerdings kann sich, wie gesehen, der Mensch im Grunde nur „disponieren", und damit sind auch die Gabe, die Geister zu unterscheiden,

66 Ignatius ist vorsichtig, vom Heiligen Geist zu sprechen; mehr dazu in Kap. 21.

und der Wille, dies zu tun, wiederum durch Gnade gewirkt. Der Optimismus ignatianischer Theologie besteht darin zu sagen, *dass* in der Seele die Gnade wirkt und der göttliche Geist stärker ist.

Ungeordnet/geordnet. Herausfordernd ist allerdings, die beiden Geister zu unterscheiden. Warum ist dies so schwer? Warum hat Gott den Menschen so kompliziert geschaffen? Diese theologische Frage stellt Ignatius nicht. Selbstverständlich sind die Freiheit und die Feinheit der menschlichen Psyche große Gaben, die im gelungenen Fall reiche Frucht bringen: menschliche und soziale, geistliche und kirchliche. Aber sie sind auch Einfallstor des Abergeistes, der die empfindsame Seele mit List und Taktik verwirren und zum Bösen verführen will. Wie die beiden erkennen? Nicht jeder Trost ist vom guten Geist, nicht jede Trostlosigkeit[67] ist vom Abergeist. Der erste Schritt ist immer, die Geister wahrzunehmen – ganz wörtlich: sie in ihrer Wahrheit zu nehmen. Die Exerzitantin soll sie ins Bewusstsein kommen lassen und anschauen, dabei ehrlich bleiben, auch mit den unschönen oder peinlichen Geistern, sie soll sie nicht sofort bewerten und sie, auch wenn sie unangenehme Gefühle zeitigen, annehmen und ertragen. Erst im zweiten Schritt unterscheidet sie: Welche von ihnen sind geordnet und welche ungeordnet? Was führt in gesunde, heile, fruchtbare Zusammenhänge, was in kranke, egoistische oder schädliche Situationen oder Handlungen? Was führt sie zum Ziel, zu dem sie geschaffen ist, und was hindert sie dazu (23)? Was verwirklicht Werte des Reiches Gottes – Friede und Gerechtigkeit; Glaube, Liebe und

---

67 Zu diesen Begriffen ausführlicher in Kap. 15.

Hoffnung –, was führt von diesen weg und ist Sünde?[68] Das Schweigen und Beten der Exerzitien lässt die Geister stärker wirken; bisweilen verwirrt oder ängstigt das die Exerzitantin, bisweilen führt es sie leichter zu Klarheit, Friede und Umkehr. Die Ambivalenz der Geister und die oft schmerzhafte und kaum auflösbare Ambivalenz ihrer Situation wird sie dabei lange tragen müssen – sie hofft dabei und betet um Klärung und Heilung.

Taktiken. Welches sind nun die Taktiken der beiden Geister? In der Zweiten Woche werden diese anders sein, aber Ignatius hält den Unterschied nur für mehr oder weniger groß, denn die Geister sind geschickt genug, ihre Taktiken anzupassen (313, 328). Für die Erste Woche unterscheidet Ignatius zwei Weisen: Wenn der Exerzitant „von Todsünde zu Todsünde" geht, also sich weiter in Böses verstrickt, geht der böse Geist über die Sinnlichkeit – mit lustvollen Phantasien letztlich schlechter Taten verheißt er falschen Trost –, der gute Geist geht über den Verstand – mit „der Urteilskraft der Vernunft sticht er das Gewissen" (314). Wenn der Exerzitant jedoch „intensiv dabei" ist, „sich von Sünden zu reinigen und vom Guten zum Besseren aufzusteigen", ist die Taktik umgekehrt: Der böse Geist geht über den Verstand – er kommt mit falschen Gründen, Bedenken, Rationalisierungen –, der gute Geist über die Emotionen – er gibt Tröstungen, Mut und Ruhe ein (315). „Unterscheiden" bedeutet, diese Dynamiken zu erkennen und in ihnen das Wirken beider Geister zu deuten – um dem guten zu folgen und den bösen abzuweisen.[69] Die

---

68 Zu den Entscheidungsfragen vgl. Kiechle (^{10}2020).

69 Die weiteren „Regeln" (318 ff.) werden im Zusammenhang der Zweiten Woche bedacht.

Erste Woche hat ja zwei Ziele: Zum einen will der Exerzitant seine Sünde erkennen und Vergebung erhalten, und er will von Verletztem und von Krankheit geheilt werden. Was ihm hierin hilft und ihn aus dem seelischen Dunkel ins Licht und damit hinauf zu Gott führt, ist vom guten Geist; was ihn hingegen hindert und weiter in Dunkel und Gottferne festhält, ihn hinunterzieht in Skrupel und Angst, in Depressives und Verzweiflung, ist vom bösen Geist. Zum andern will der Exerzitant die Sünde künftig nicht mehr begehen: Hierfür will er erkennen, wie der böse Geist ihn zum Sündigen hin- und der gute Geist ihn davon wegführt, und er will einüben, mit Entschiedenheit dem guten Geist zu folgen.

Gott bewirkt in der Seele über seinen guten, heiligen Geist Regungen. Mit diesen will er die Seele heilen und erleuchten und zum Guten führen. Der Abergeist will sie dagegen durch seine Regungen im Dunkel halten und zum Bösen verführen. Um beide zu erkennen und sich vom guten Geist leiten zu lassen, muss der Exerzitant die subtilen Taktiken und Wirkungen der Geister unterscheiden.

10. Geliebter Sünder

Das Gewissen erforschen. Was hilft der Exerzitantin, sich nachhaltig von der Sünde abzukehren und zu Gott hinzukehren? Im Exerzitienbuch geht es weniger um äußere Organisation des Alltags, mehr um innere Umkehr: Ignatius empfiehlt dafür die Erforschung (*examen*)[70], aufgeteilt in eine allgemeine Erforschung, bei der die Exerzitantin ihr ganzes Leben ansieht (32 ff.), und eine besondere Erforschung, mit der sie eine besonders hartnäckig auftretende Sünde zu bearbeiten versucht (24 ff.). Ignatius fixiert sich stark auf das Thema Sünde, was wie ein Nachhall seiner skrupulösen und zwanghaften Lebensphase erscheint; heute wird man mehr den Dank und das Finden Gottes in den Dingen betonen. Auch soll die Erforschung nicht zur kleinlichen Selbstkontrolle werden mit dem Ziel, sich in Tugenden zu perfektionieren, sondern sie soll Gebet sein – mit dem Ziel, Vergebung zu empfangen und außerdem die Gnade, sich auf Gott auszurichten. Auch bei der sicherlich hilfreichen Aufteilung des Sündhaften in Gedanken, Wort und Werk (33 ff.) – von innen geht die Sünde nach außen – wird man den Akzent weniger stark auf das Schwören und auf das Einhalten von Geboten legen, sondern eher auf andere Weisen, im Denken und im Fühlen, im Sprechen und im Tun zu sündigen. Immer wieder erinnert Ignatius an das gnadentheologische Fundament aller Aszese: „Gott, unserem Herrn, für die empfangenen Wohltaten danken"; „Gnade erbitten, um die Sünde zu erkennen und sie abzuweisen"; „Sich mit seiner Gnade Besserung

70 Heute auch „Tagesrückblick", „Révision de vie" oder – etwas zeitgeistig – „Gebet der liebenden Aufmerksamkeit" genannt.

vornehmen“ (43). Erforschen wird sich die Exerzitantin täglich, sowohl in Exerzitien als auch im Alltag – das Erforschen ist ignatianisch grundlegend. Theologisch im Sinne des Gott-Erkennens ist bedeutend, dass die Exerzitantin zurückblickt und auf ihr Leben gleichsam draufschaut: Nur so entdeckt und spürt sie, wie Gott in Dingen und Erfahrungen gegenwärtig ist und in ihr und durch sie an anderen wirkt – und wie sie sein Wirken behindert und dies dank seiner Hilfe überwindet. Betende Introspektion hilft zur Selbst- und Gotteserkenntnis, nicht eng, kontrollierend, auf Effizienz trimmend, sondern frei und dankbar und bisweilen mit einem Schuss Humor.

Weitere Übungen. Die im Exerzitienbuch erwähnten Übungen der Ersten Woche (45 ff.) wird der Exerzitant heute nur teilweise in der vorgelegten Form machen. Allerdings wird ihm eine Art Lebensexamen (56 ff.), in dem er langsam seine Geschichte durchgeht mit Blick auf Dunkles und Schweres – Tätersein und Opfersein –, hilfreich sein. Auch wird er darin Gottes Barmherzigkeit und Hilfe besonders in dunklen Stunden entdecken – dies ist theologisches Erkennen im existenziellen Sinn. Die heute meist bessere Schriftkenntnis wird ihm helfen, mit Hilfe von Betrachtungen biblischer Texte aus dem Alten und aus dem Neuen Testament die Thematik der Ersten Woche zu ergänzen und zu vertiefen.[71] Auch wird er sich in einer Lebensbeichte (44) die Vergebung Gottes sakramental zusprechen lassen, nicht weil die Sünden sonst nicht vergeben wären, sondern weil die vorher in den Übungen schon geschaute und gespürte Vergebung Gottes im kirchlichen

71 Mehr dazu in Kap. 13.

Ritual und in der Kraft des Sakraments nochmals anders spürbar und wirksam wird.

Für Christus getan/für Christus tun? Im Gespräch mit dem Gekreuzigten fragt sich die Exerzitantin, was sie für Christus getan habe, was sie für ihn tue und was sie für ihn tun soll (53). Sind diese Fragen suggestiv und moralisierend? Sollte die Exerzitantin durch dieses Nachsinnen entdecken, dass sie viel zu wenig oder gar nichts getan hat und dass sie künftig viel mehr tun müsse? Ist die Übung ein strenger Appell an sie, aufzubrechen und endlich mehr zu tun? Ja, die Übung weist schon voraus in die Zweite Woche, in der es um Aufbruch und Nachfolge und Einsatz für Christus geht. Nein, es geht nicht um Moral, sondern um Beziehung: Der Gekreuzigte hat in seiner Lebenshingabe so viel für die Exerzitantin getan; jetzt spürt sie im liebevollen Blick auf ihn – von innen her – ein Verlangen, auch für ihn etwas und sich selbst zu geben (vgl. 231). Sie beginnt schon jetzt, „ihn mehr zu lieben und ihm nachzufolgen“ (104).

Sündig und geliebt. Wie steht der Exerzitant am Ende der Ersten Woche vor Gott? Zum einen erfuhr er sich als radikal schwach, als Täter und zugleich als Opfer des Bösen, als vergebungs- und als heilungsbedürftig, als ohnmächtig gegenüber der Macht der Sünde – seiner Sünde und der Sünde anderer –, als verwirrt im Dunkel und verfallen dem Tod: Selbst kann er sich aus diesem Abgrund nicht herausziehen. Zum anderen erfuhr er seinen Gott, der ihn barmherzig und liebevoll annimmt, der ihm vergibt und ihn heilt, der mitgeht im Leid, der ihn herausführt aus Trostlosigkeit und Schuld und Schmerz. In dieser komplexen und auch widersprüchlichen Doppelerfahrung erkennt er gleichzeitig, dass er auf Erden immer Sünder und Leidender bleibt und dass er immer angenommen und geliebt ist. Dieses Stehen vor Gott am Ende der Ersten Woche ist nachhaltig. Der Exerzitant wird es später nicht durch andere Erfahrungen überwinden, sondern es wird bleiben auf seinem weiteren Exerzitienweg und sein Leben lang. Als jemanden, der sowohl sündig ist als auch gerechtfertigt, dabei zugleich geheilt und „umarmt“ (15), ruft ihn Jesus in die Nachfolge.

Gott will, dass die Exerzitantin stetig bemüht ist, sich von der Sünde abzukehren und zu Gott hinzukehren. Sich zu erforschen, zu betrachten und zu beichten hilft ihr dabei. Im Gespräch mit dem Gekreuzigten wächst in ihr das Verlangen, sich ihm, der ihr so viel gab, zu überantworten und zu geben. Sie erfährt sich als geliebte Sünderin, die bereit ist, den Ruf in die Nachfolge zu hören.

III. Gesandt

In der Zweiten Woche der Exerzitien wendet sich der Blick: Bisher ging er in die Vergangenheit, mit Dank für das Geschaffensein, mit Schmerz über Leid und Sünde und mit der beglückenden Erfahrung, geheilt und geliebt zu sein. Nun richtet er sich von der Gegenwart in die Zukunft mit der Frage des Exerzitanten, wie er sein Leben reformieren und künftig in der Nachfolge Jesu gestalten und einsetzen möchte. Zu Beginn stehen einige Phantasie-Übungen aus der Ritterwelt des Ignatius; den größeren Teil der Zweiten Woche machen allerdings die Betrachtungen aus dem Leben Jesu aus. Im Zentrum steht die Wahl, eine geistliche Unterscheidung darüber, in welcher konkreten Lebensform und mit welchem Dienst der Exerzitant seinem Herrn Jesus Christus nachfolgen will.

11. Wie ein Ritter

Der König ruft. Diese Übung (91–98) wird auch „Prinzip und Fundament“ der Zweiten bis Vierten Woche genannt, denn sie enthält wichtige Motive des ganzen folgenden Exerzitienwegs. Die Exerzitantin will auf die Stimme Jesu hören („dass ich nicht taub sei“, 91), sie will beschleunigt („rasch“) und mit Energie („eifrig“) „seinen heiligsten Willen erfüllen“ – bald wird sich die Frage stellen, wie sie diesen erkennt und mit ihrem Eigenwillen verbindet. In der ritterlichen Welt bindet sich der Vasall mit einem Eid persönlich an seinen Herrn oder König; gegenseitige Treue ist der höchste Wert.[72] Der König gewährt Gnaden und Schutz, im Gegenzug bietet der Ritter seinen Dienst an. Auch in Asymmetrie gilt: Gegenseitiges Geben und Empfangen *ist* liebevolle Beziehung (vgl. 231). Auf dem Weg geht der König voraus, der Ritter folgt ihm, durch Mühsal (*pena*) zur Herrlichkeit (*gloria*, 95) – hier sind die Dritte und die Vierte Woche der Exerzitien angedeutet. Christus ist kein König, der im Palast sitzt und seine Mannen, aus der Ferne steuernd, im Krieg verheizt, sondern er ist ein Vorbild darin, an vorderster Front mit ihnen zu kämpfen und Leiden zu tragen. Dabei zwingt Christus niemanden zu kämpfen, sondern er lädt ein, „mit mir zu arbeiten“ (*trabajar conmigo*, 93; 95) – immer wieder sprechen die Exerzitien vom Arbeiten Gottes und des Menschen (insbes. 236). In der Übertragung des Königsbildes auf Christus liegt eine Steigerung, ein Mehr (*cuánto es cosa más digna*, 95): Eine Dynamik nach vorne und oben beginnt, die den Exerzitanten motivieren und mitreißen will.

72 Ausführlicher zur Bildwelt der Übung: Peter Köster (2017) 101–108.

Zwei Banner. Diese Übung (136–148)[73] führt in die Unterscheidung der Geister ein, indem sie typisierend Christus und Luzifer, den „Anführer aller Feinde", einander gegenüberstellt, jeweils an ihren Orten Jerusalem und Babylon und mit ihren Standarten, den Symbolen der Gruppen-Zugehörigkeit und -Identität. Die Exerzitantin sucht „Erkenntnis" (139): zuerst die der „Täuschungen" des Bösen – und Hilfe, sich vor ihnen zu hüten; dann jene des „wahren Lebens" – und Gnade, Christus nachzuahmen. Auf der bösen Seite muss sie, mit göttlicher Hilfe, selbst abwehrend aktiv werden, auf der guten Seite bleibt sie passiv, denn sie bittet um Gnade, also um das Wirken Gottes. Luzifer *verführt* sie mit Hilfe seiner „Dämonen" – die mit Netzen und Ketten arbeiten, also manipulativ – über die Gier nach Reichtümern zu weltlicher Ehre und darüber zu Hochmut: ein subtiler Anstieg der Sünde vom banal Sinnlichen bis zur Ursünde, ja der geistigen Wurzel aller Sündigkeit. Christus hingegen geht mit seinen „Dienern und Freunden" genau umgekehrt vor: Er *hilft* der Exerzitantin – das ignatianische „helfen" lässt frei –, von der auch materiellen Armut zur Schmähung und zur Demut zu gelangen. Die Exerzitantin wird in ihren Regungen, also in den Hinneigungen zu den „Stufen" der beiden Wege, die Geister entdecken und unterscheiden. Im dreifachen Gespräch (147) bittet sie um Hilfe und Gnade für diesen Weg. Auch diese Übung zieht die Exerzitantin in das zentrale Moment der Zweiten Woche hinein.

---

73 Zu den geistesgeschichtlichen Wurzeln der Übung seit Augustinus' *De Civitate Dei* vgl. Kiechle (1993). Ausführlich zur Übung selbst vgl. DEI 211–221.

Jerusalem-Theologie. In der Königsruf-Betrachtung stellt sich der Exerzitant „Synagogen, Flecken und Burgen" (91[74]) des Wirkens Jesu vor Augen. In den Übungen zur Inkarnation und zur Menschwerdung – mehr dazu im nächsten Kapitel – kommen Nazareth und Bethlehem vor (103, 111). Die Zwei-Banner-Übung spielt an einem „demütigen, schönen und freundlichen Ort" bei Jerusalem, und sie zeigt bei Babylon die schreckliche Gestalt Luzifers (138, 140, 144). In vielen weiteren Übungen macht der Exerzitant zu Beginn eine „Zusammenstellung, indem man den Raum sieht" (91, 103 …). Orte haben – als reale oder als symbolische – in Exerzitien eine immense Bedeutung: An ihnen empfindet der Exerzitant sinnlich-körperliche Nähe zu Jesus und damit zu göttlicher Präsenz in der Welt – immer wieder soll er diese Orte anschauen, auch nachdrücklich auf sie „die Sinne anwenden". Vom bösen Babylon wird er sich abkehren. Als heiligen Ort wird er immer wieder Jerusalem in den Fokus nehmen: Zweimal in seinem Leben hat Ignatius versucht, dorthin zu übersiedeln und dort zu leben, um am Ort Jesu dem Herrn nahe zu sein und in seinem Auftrag „den Seelen zu helfen". Als er beim ersten Versuch dort nicht bleiben darf und beim zweiten nicht einmal hingelangt, überträgt er symbolisch – so darf man deuten – Jerusalem auf Rom: Diese heilig-unheilige Stadt wird zum neuen Jerusalem, an dem zwar nicht Christus, aber immerhin dessen Stellvertreter – *Vicarius Christi* nennt er den Papst – die Gefährten Jesu in alle Welt sendet, damit sie „den Seelen helfen".

---

74 Im Autograph steht „templos", Ignatius korrigiert handschriftlich zu „sinagogas" – will er das Judentum Jesu stärker würdigen? Die Vulgata (der spätere offizielle Text) macht die „Burgen" zu „Städten" – der junge Orden verlässt die Ritterwelt und geht in die Städte.

Kreuzzugstheologie? Im Hintergrund dieser Jerusalem-Theologie steht ein aus der Christus-Beziehung sich speisender „unglaublicher Inkarnationsrealismus": Der „Geruch palästinensischer Erde" soll gleichsam an den Jüngern Jesu haften bleiben.[75] Spielen darüber hinaus alte Kreuzzugsideale eine Rolle?[76] Vom „Erobern" (*conquistar*, 93, 95) des Landes der Ungläubigen ist durchaus die Rede. Ignatius – das lässt sich biographisch zeigen – trug alte Kreuzzugsideen bis an sein Lebensende mit sich. Allerdings transformiert er diese: Statt um einen irdischen König, der ein begrenztes Fleckchen heiliges Land militärisch-religiös beherrschen will, geht es um Christus, der seine Freunde weltweit sendet und mit ihnen „in die Herrlichkeit des Vaters eintreten" (95) will. Statt um reiche, kriegerische und hochmütige Ritter geht es um arme, gewaltlose und demütige Freunde und Diener Jesu. Statt aufs Schlachtfeld zum Kampf sendet Christus an einen „schönen und demütigen Ort" zur Arbeit „mit mir" (*conmigo*). Statt um einen kosmischen Kampf zwischen den Weltmächten Luzifer und Christus handelt es sich um Unterscheidung der Geister im Innenraum der Seele dessen, der nachfolgen will. Statt um die vom alten spanischen Ritterideal geprägte Conquista geht es, biblisch-eschatologisch geblickt, um die Völkerwallfahrt zum Zion, Urbild aller Weltmission. Die alte Kreuzzugsidee wird damit entmilitarisiert und spiritualisiert, sie wird individualisiert und psychologisiert, sie wird

75 Norbert Lohfink, Zum Zion. Das Heilige Land und die Erkenntnis des Willens Gottes, in: Falkner – Imhof (1990) 71–75, zit. 75.

76 Hierzu ausführlich und eher kreuzzugsbejahend: Hans Wolter, Elemente der Kreuzzugsfrömmigkeit in der Spiritualität des Heiligen Ignatius, in: Wulf (1956) 111–150.

theologisiert und globalisiert[77] – und damit so sehr transformiert, dass ihre Bildwelt verdreht und, in heutiger Perspektive, irrelevant wird. Kann man sie, die freilich schon im 16. Jahrhundert veraltet war, durch andere Bildwelten ersetzen?

Demütig. Wie gesehen, verhilft Christus seinen „Dienern und Freunden" zur Demut (146). Um diese zu vertiefen, schlägt er ihnen eine Übung[78] zu drei Weisen der Demut vor (164–168[79]). Demut ist – entgegen der neuzeitlichen Kritik vor allem Nietzsches – keine Selbsterniedrigung oder -entwertung, die nur die Machtverhältnisse unter einem übermächtigen Gott zementieren würde. Vielmehr ist Demut die realistische und wahrhafte Selbsteinsicht – die wiederum hohen Selbstwert voraussetzt.[80] Nach Ignatius ist in der ersten Weise der Demut aller selbstzentrierte, egoistische Stolz eingedämmt und der Wille Gottes anerkannt, wenn auch noch nicht ganz integriert. Die zweite, vollkommenere Weise ist vollständige Indifferenz: In Freiheit und mit innerem Frieden hat der Mensch Gottes Willen ganz zu seinem Willen gemacht, auch in

---

77 Biographisch ist dieser Wandel schon bei Iñigos ritterlicher Nachtwache auf dem Montserrat (24./25.3.1522) angelegt – der Ort war ein Symbol der Reconquista. Iñigo vollzog dort zwar in voller Rüstung das alte Ritual vor der Schwarzen Madonna, aber zugleich transformierte er es. Er legte die Waffen und die Rüstung ab und begann den spirituellen Kampf.

78 Diese ist nicht notwendig oder verpflichtend, sondern nur „sehr nützlich" (164); das bedeutet, dass sie neu entfaltet, was schon in anderen, vorhergehenden Übungen enthalten ist. Vgl. Erhard Kunz (1969) 282.

79 Die Übung ist theologisch komplex; um nicht in Einzelheiten gehen zu müssen, sei verwiesen auf: Erhard Kunz (1969); Godehard Brüntrup – Ludwig Jaskolla (2018); DEI 957–965.

80 Brüntrup – Jaskolla (2018) 395.

unscheinbaren Dingen ist er aus dem Glauben heraus ganz verfügbar für Gottes Ruf und Auftrag. Die dritte Weise ist keine weitere Steigerung,[81] sondern sie nähert sich der Demut in neuer, christologisch-kreuzestheologischer Perspektive: Aus Liebe zu Jesus *will* der Demütige den *gekreuzigten* Herrn *nachahmen*[82] und mit ihm Leiden ertragen. Nun ist er, insofern er etwas will, weniger indifferent – wann und wie diese heute befremdliche Haltung legitim und angemessen ist, soll später genauer bedacht werden.[83] Diese dritte Weise ist auch Glaube, aber zugleich und mehr noch Liebe: Der Demütige weiß, dass Gott sich durch Tod und Auferstehung Jesu offenbart, und in existenzieller Bejahung dieser Offenbarung will er als „Diener und Freund" mit seinem Freund Jesus „die Nichtigkeit der Welt durchleiden und Gott als einzigen Retter bejahen"[84]. In realistischer Selbsteinsicht und Annahme seiner Grenzen folgt der Demütige Christus nach durch die Mühsal irdischer und also sündiger Existenz in die Herrlichkeit Gottes.

---

81 Diese dritte Weise ist *als Demut* die „vollkommenste" Weise. Da aber Demut kein Ziel, sondern Mittel ist, muss man je nach Ziel unterscheiden, wann und wofür man dieses Mittel, so wie jedes andere, anwendet und wann und wofür nicht. Es ist nicht in jedem Fall das ethisch höhere und anzustrebende Mittel.

82 Ignatius übernimmt die *Imitatio Christi* (Nachahmung Christi) aus der spätmittelalterlichen Frömmigkeit und aus der *Devotio moderna*, insbesondere der „Nachfolge Christi" des Thomas von Kempis; Näheres Kap. 12.

83 Kap. 18.

84 Kunz (1969) 301.

Gott ruft die Exerzitantin so in die Nachfolge Jesu, wie ein großherziger König seine Diener und Freundinnen zur Mitarbeit ruft. Durch Unterscheidung der Geister lernt sie, ihm in Armut, mit der Annahme von Schmähung und in Demut zu folgen. In Indifferenz sucht sie, Sündiges zu vermeiden und allein den Willen Gottes zu erfüllen. Aus Liebe will sie ihren leidenden Herrn nachahmen.

12. Gott wird Mensch

Sorgende Dreifaltigkeit. Die Übung zur Inkarnation (101–109) beginnt stark: Die „drei göttlichen Personen“[85] schauen von ihrem Thron aus auf die Welt[86] und sehen voll Sorge, wie bunt und zugleich verdorben die von ihnen doch ursprünglich gut erschaffene Menschheit lebt – plastisch und sinnenhaft wird die Szene ausgemalt. Der Befund ist krass: „In so großer Blindheit“ sterben die Menschen (106) und „steigen ab zur Hölle“ (102, 106, 108). Nun beschließen die drei Personen in einer Art gemeinschaftlichen Unterscheidung, dass „die zweite Person Mensch werde, um das Menschengeschlecht zu retten“ (102) – wieder ein stark anthropomorphes, aber auch anrührendes und schönes Bild göttlichen Handelns. Theologisch eindrücklich ist der gleichsam empathisch mitleidende Gott, der sich in seiner ganzen trinitarischen Fülle für die von ihm geschaffene Menschheit einsetzt, die aus eigener Schuld ins Verderben rennt. Der weit offene Blick des Exerzitanten auf die Trinität und auf „die ganze Welt“ wird sogleich kontrastiert durch den genau fokussierten Blick nach Nazareth, zum Engel und zur „Herrin“ – vom Größten und Universalen geht es zum Kleinsten und Partikularen, von der göttlichen Dreifaltigkeit zur einfachen Frau, vom beschließenden Ja Gottes zum annehmenden Ja Marias. Inkarnation heißt, dass der große Gott Kind, Universales konkret und Geist Leib wird – aus dem kleinen Einzelnen erwächst Heilsfülle für das große Ganze.

---

85 Mehr zur Trinitätstheologie in Kap. 21.

86 Der Ausdruck „Fläche oder Rundung“ (*planicia o redondez*, 102) lässt die Gestalt der „ganzen Welt“ offen.

Weihnachtstheologie. Die intensive Weihnachtsfrömmigkeit ist, wie so vieles bei Ignatius, franziskanisch geprägt.[87] In der Weihnachtsbetrachtung geht er wie in manch anderer über den biblischen Befund hinaus.[88] Immer wieder betrachtet die Exerzitantin konkrete Räume, Wege, Straßen und Reisen,[89] zentrales Element der Leben-Jesu-Betrachtungen und der ignatianischen Spiritualität. Im Stall von Bethlehem macht sich die Exerzitantin zu einem „kleinen armen und unwürdigen Knechtlein" (114), sie wird gleichsam selbst Teil des Geschehens. Armut und Demut waren die zentralen Werte der Königsruf-Betrachtung, hier zeigen sie sich, gleichsam inkarniert, im Jesuskind und in seinen Eltern. Indem die Exerzitantin in das Geschehen hineingeht, verinnerlicht sie diese Werte christologisch-existentiell für ihre Nachahmung und Nachfolge Jesu.

Warum die Inkarnation? Gott wird Mensch, „um das Menschengeschlecht zu retten" (102): Die Inkarnation wurde nötig wegen der Verderbtheit der Menschen; die Menschwerdung Gottes ist motiviert durch die Erlösung und zielt auf sie ab. Ignatius zieht eine direkte Linie von der Geburt Jesu zum Kreuz (116), und er beschreibt plastisch die Entbehrungen, die Jesus „für mich" auf sich nahm: Der „Exerzitant wird eingeladen, die ersten Schritte einer Abstiegsreise der Liebe zu sehen, die im Herzen der Trinität beginnt und sich am Kreuz schließt"[90]. – Die

---

87 Vgl. de Leturia (2021); der Artikel ist von 1957 und wurde hier wieder abgedruckt.

88 Einige Male rechtfertigt er dies: als frommes Sinnen (111, 310), als Tradition der Heiligenlegenden (310), als vernunftgemäß (299).

89 111, 192, 158 u. a.; vgl. Michael Ivens (1998) 94 f.

90 Ivens (1998), 89.

Frage des Motivs der Inkarnation wurde im Spätmittelalter diskutiert und verschieden beantwortet; hier nur ein knapper Hinweis:[91] Die thomistische Theologie sagte, zum Zeitpunkt der Schöpfung war keine spätere Inkarnation vorgesehen; diese wurde nur notwendig wegen des Sündenfalls, ist also ganz auf die Erlösung der Menschheit durch den Kreuzestod Jesu ausgerichtet. Hingegen sagte die skotistische Theologie, schon mit dem Akt der Schöpfung sei, nämlich um diese zu vollenden und in ihr Gott zu verherrlichen, die spätere Inkarnation vorgesehen gewesen; wegen des Sündenfalls musste sie allerdings nachträglich eine andere Gestalt bekommen, eben die von Krippe und Kreuz. Ignatius hatte in Paris eine skotistisch geprägte Theologie studiert; in der Frage nach dem Motiv der Inkarnation legt er sich zwar nicht fest, ist aber, so deutet man aus dem Gesamt seiner Schriften,[92] eher bei dieser franziskanisch-skotistischen Schule zu finden: Die Schöpfung ist für ihn der theologische Schlüssel, und indem – wie er häufig sagt – *der Schöpfer* Mensch wurde und am Kreuz starb, ist eine Linie durchzuziehen vom ersten Abstieg Gottes in die Schöpfung zum zweiten Abstieg in die Inkarnation und ans Kreuz. Freilich ist zu ergänzen, dass für Ignatius die mittelalterliche Frage des Motivs der Inkarnation weniger wichtig ist: Sein Fokus geht – mit der beginnenden Moderne – vielmehr auf die vor allem individuell gesuchte Erlösung und Rettung. Weil „ich" Sünder bin, wurde „mein" Schöpfer „für mich" Mensch und starb Jesus „für meine Sünden" am Kreuz – der Exerzitant sucht leidenschaftlich seinen ihn erlösenden Gott

91 Ausführlicher vgl. Kiechle (1996) 355–360.
92 Ebd. 358 f., mit Verweis auf Michel de Certeau und Hugo Rahner.

und will ihn durch Nachahmung und Nachfolge Christi verkünden.

Mehr lieben und ihm nachfolgen. Was erwartet die Exerzitantin von den Übungen zur Inkarnation und zur Geburt? „Mehr ihn lieben und ihm nachfolgen“, darum bittet sie jeweils zu Beginn (104), und „mehr nachfolgen und ihn nachahmen“ ist ihre Bitte in den abschließenden Gesprächen (109). Dass sie darum *bittet*, markiert nochmals deutlich, dass die Wirkung der Übungen nicht ihr Werk, sondern erbetenes Gnadengeschehen ist. „Lieben“ deutet mehr die personale Beziehung an, „Nachahmen“[93] mehr die Übernahme der Lebensform und Tugend, „Nachfolge“[94] mehr die Mitarbeit im gemeinsamen Auftrag, wobei die drei Begriffe für Ignatius Ähnliches meinen und ineinanderfließen. Sie meinen auch die Bereitschaft, in Leiden mitzugehen und zum Tod bereit zu sein – durch Mühsal zur Herrlichkeit (*pena – gloria*, 95). Die „innere Erkenntnis“ des Herrn (*conocimiento interno*, 104) ist nicht so sehr auf Innerlichkeit oder Einheitsgefühle hin zu deuten, sondern vor allem christologisch-theologisch: Wer Jesus Christus im Herzen kennt, versteht Gottes Wirken und

---

93 Hinter dem bei Ignatius seltenen Begriff steht die lange und große Tradition der *Imitatio Christi*; für ihn ist sie grundgelegt in seinem Lieblingsbuch (vgl. 100), dem damals Johannes Gerson zugeschriebenen (daher *Gerconito* genannten), jedoch von Thomas von Kempis verfassten gleichnamigen Buch; vgl. DEI 994–1001.

94 Das Substantiv kommt bei Ignatius nicht vor, das Verb „folgen“ (*seguir*) jedoch sehr oft. Im Vergleich zu „Nachahmen“ stellt „Nachfolgen“ den für Ignatius wichtigen Weg- und Reisecharakter der Jüngerschaft Jesu deutlicher heraus. Biblisch verweist „Nachahmen“ mehr auf den paulinischen Ansatz, *in Christus* zu leben, „Nachfolgen“ mehr auf das frühchristliche Wanderapostolat, das zum Modell franziskanischen und jesuitischen Ordenslebens wurde.

damit Gott selbst besser, und er lässt sein Leben von ihm durchformen und in Dienst nehmen.

> *Gott der Dreifaltige beschließt aus Empathie für die von ihm geschaffene und wegen der Sünde verlorene Menschheit, sich in Jesus Christus zu inkarnieren und so diese zu retten. Die Exerzitantin betrachtet dieses Geschehen ausführlich als ein Werk, das Gott für sie persönlich unternimmt. Sie will Christus lieben und ihm nachfolgen, um am göttlichen Erlösungs- und Heilswerk teilzuhaben.*

13. Leben Jesu

Geheimnisse des Lebens Jesu Christi. „Geheimnis“ (*misterio*) meint im damaligen Sprachgebrauch nicht eine verhüllte oder unverständliche Wahrheit, sondern „eine Repräsentation mit Bildern, die das Wort Gottes aktualisiert“[95]. Wenn der Exerzitant mit einem „Geheimnis“ meditiert, lässt er sich durch die biblische Szene oder Geschichte in sein Leben mit Gott einführen. Mit „Geheimnissen“ verbringt er den größeren Teil der Zweiten Woche; Ignatius stellt am Ende des Exerzitienbuchs eigens eine reiche Auswahl zusammen (261–312). Meist haben die Geheimnisse drei „Punkte“: In drei Fokussierungen fassen sie die für den Exerzitanten wichtige Botschaft der Geschichte zusammen – mangels Büchern und oft auch mangels Lesefähigkeit gab der Begleiter die Übungen meist mündlich, und der Exerzitant konnte sich drei „Punkte“ leicht merken. Knapp soll der Begleiter sie geben (2), damit der Exerzitant sie selbst sinnenhaft ausschmückt – so involviert er sich persönlicher, mit seiner Phantasie, seiner Psyche, seinem geistlichen Sehnen, seinen existenziellen Themen. Ignatius kennt keine moderne Exegese, die unterscheidet zwischen dem Geschehen und dem Bericht darüber – dieser wird als subjektiv und selektiv gesehen, und er hat oft eigene Intentionen –, sondern er kennt nur die „Geschichte“ (*historia*): In dieser bildet, so meinte man damals, der Bericht das Geschehen direkt ab. Diese naiv wirkende Bibelhermeneutik mag heute dem theologisch Gebildeten veraltet und unter Niveau erscheinen, doch sie hat – diese These sei nicht weiter ausgeführt – in aller

95 DEI 1250.

christlichen Spiritualität ihr Recht und ihre gute Wirkung. Eine gute Begleiterin mag diese alte Hermeneutik ergänzen, indem sie gelegentlich – soweit das zum Ziel hilft und nicht hindert – neuere exegetische und bibeltheologische Kenntnisse einbringt.[96]

Welche Szenen? Die Auswahl erstaunt: kein Altes Testament, kaum neutestamentliche Briefliteratur, keine Gleichnisse Jesu, keine Heilungsgeschichten, kaum Reden Jesu; hingegen viel Kindheitsgeschichte, viel Passion und Ostern, aber wenig aus dem öffentlichen Wirken Jesu und dies meist auf Nachfolge und Aussendung zentriert. Immer steht Jesus Christus im Mittelpunkt. Manches ist gegenüber dem biblischen Bericht ergänzt, meist aus der Frömmigkeitstradition. Wie in einer „Evangelienharmonie“ wählt Ignatius Geschichten aus allen vier Evangelien aus und stellt die Szenen in eine Abfolge. Ist die Auswahl so willkürlich, wie sie erscheint? Der fast exklusiv christologische Fokus ist kohärent und durchaus gewollt – im Schauen auf Christus erschließt sich göttliches Leben. Die Konzentration auf Nachfolge und Sendung zeigt, dass Ignatius in der Zweiten Woche auf Wahl und auf Reform des Lebens abzielt. Mit der erstaunlichen Breite der Kindheits-, der Passions- und der Osterbetrachtungen stellt sich Ignatius zunächst in die Tradition vor ihm, setzt aber auch eigene theologische Akzente. In Freiheit soll die Begleiterin aus der Fülle der angebotenen Geheimnisse auswählen. Sie wird – schon in der Ersten Woche – mit heutiger Kenntnis der Bibel und in gegenwärtiger spiritueller Kultur auch andere Texte wählen, auch aus dem

96 Vgl. zum Ganzen Igna Kramp (2020); Werner Löser (2019) 37–57; Andreas R. Batlogg (2001).

Alten Testament, wobei sich narrative und bildreiche Texte immer besser eignen als abstrakte. Selbstverständlich gibt sie der Exerzitantin nach Möglichkeit den originalen Bibeltext an die Hand.

Die Schrift betrachten. Ignatius erläutert breit die erste Betrachtung[97] der Zweiten Woche (101–109); sie dient als methodisches Modell für spätere Betrachtungen biblischer und nichtbiblischer Szenen: Im „Vorbereitungsgebet" bittet der Exerzitant darum, dass er ganz auf Gott hingeordnet wird. In den drei „Hinführungen" vergegenwärtigt er sich zuerst die zu betrachtende „Geschichte", baut sich dann den „Schauplatz" auf – er inszeniert vor dem inneren Auge lebendig die Geschichte – und betet schließlich im speziellen Anliegen dieser Übung. Die drei „Punkte" vertiefen Aspekte der Geschichte und bieten Momente der Identifikation – der Exerzitant findet in ihnen Erfahrungen seines Lebens wieder: Diese werden entfaltet, gedeutet, herausgefordert, und es entstehen in ihnen „Regungen" (*mociones*), die dann als von den Geistern gewirkt zu „unterscheiden" sind (313 ff.). In einem „Gespräch" mit einer oder mehreren der göttlichen Personen bringt der

97 Zur Begrifflichkeit des Exerzitienbuchs: *Contemplación* („Betrachtung", vgl. DEI 445) ist eher affektiv und tendiert zum Schauen und Lieben; neben den „Geheimnissen des Lebens Jesu" werden viele Übungen so genannt – Ziel ist vor allem die Nachahmung (*imitatio*) Jesu. *Meditación* ist der weiteste Begriff, der für vieles angewandt wird und verstandesorientiertes mit affektivem Üben verbindet. *Consideración* ist das eher denkende „Erwägen". Ignatius ist in der Verwendung der Begriffe nicht ganz kohärent, daher sollte seine Wahl des einen oder anderen Begriffs nicht überinterpretiert werden. Um Missverständnissen vorzubeugen: Die heutigen „kontemplativen Exerzitien" gebrauchen „Kontemplation" völlig anders als das Exerzitienbuch, nämlich als intuitive, text-, gegenstands-, begriffs- und bildlose Schau Gottes; vgl. Jalics (2006) 15 ff.

Exerzitant zum Ende der Übung seine Regungen in ein ausdrückliches Beten. Diese Methode erscheint recht ausgefeilt, detailliert, fast etwas restriktiv; sie passt wohl zur Persönlichkeit ihres Erfinders. Für heute bietet sie einen hilfreichen Rahmen des Übens, den allerdings Begleiterin und Exerzitant klug, eventuell auch vereinfachend oder erweiternd an Umstände und Lebenskultur anzupassen haben.

Theologisches. Wichtig sind in den Exerzitien die *Sinne*: so beim „Schauplatz", oft auch in den „Punkten" und besonders in der abendlichen „Anwendung der Sinne" (121–126).[98] Analog zu den körperlichen Sinnen des Sehens, Hörens, Riechens, Schmeckens und Tastens wendet der Exerzitant „die fünf Sinne der Vorstellungskraft" (*los cinco sentidos de la imaginación*, 121) auf die biblischen Geschichten und insbesondere auf die Menschheit Jesu an, um Gott unmittelbar zu erfahren und sich mit ihm zu verbinden – Leibliches wird zum Ort der Gottespräsenz: eine stark inkarnatorische Gotteserkenntnis und damit Theologie. Ignatianisch ist die Doppelung aktiv – passiv: Zum einen lenkt der Exerzitant seine Aufmerksamkeit konzentriert und zielgerichtet auf etwas hin – zum anderen lässt er frei in sich aufsteigen, was aus seiner Seele kommt, als Wirken der Geister. Zum einen ist die Seele selbst tätig mit ihren drei „Seelenkräften" Gedächtnis, Wille, Verstand (50), die subjektiv und sowohl geistig wie emotional arbeiten –

98 Diese Übung ist nicht etwa, wie man rationalistisch verkürzt seit dem 19. Jahrhundert oft meinte, eine weniger bedeutende Zusatzübung am Abend, wenn man schon müde ist, sondern sie ist ein Ziel- und Höhepunkt ignatianischer Mystik; vgl. Fridolin Marxer (1963).

zum anderen drückt das dreimalige Beten[99] aus, dass man die Wirkung des Übens nicht selbst erzeugt, sondern sie gnadenhaft empfängt. Außerdem: Indem der Exerzitant durch persönliches Identifizieren in den Personen oder in Momenten der „Geschichte" seine Erfahrung, ja sein Leben wiederfindet, nimmt er *in seinem Leben* Gottes Spuren und Gottes Wirken wahr: Das Wort der Schrift spricht unmittelbar und wirksam in seine Existenz hinein.

Christologie. Nachdem die spätmittelalterliche Jesus-Frömmigkeit vor allem auf die gleichsam innerliche Aneignung des Lebens Jesu zielte, ergänzt Ignatius den Akzent der äußeren Nachfolge und tätigen Sendung. Die Exerzitantin will Christus lieben, ihn nachahmen und ihm nachfolgen (104, 109) – es geht ihr also um Beziehung zu ihm *und* um Arbeit mit ihm und für ihn. Christologie wird apostolisch, missionarisch. Ignatius schätzt mit der franziskanischen Frömmigkeit, mit Ludolf von Sachsen und mit der Devotio moderna[100] die *Menschheit* Christi hoch[101] – diese zu betrachten ist ein Weg der Angleichung an Christus und zugleich ein Weg zu Gott. Sein Christusbild ist wesentlich der *arme* Jesus – so in der Königsruf- und in der Zwei-Banner-Betrachtung, aber auch in den „Geheimnissen"

99 Neben dem „Bitten um das, was ich will" (104), und dem Gespräch (109) zeigt insbesondere das allgemeine Vorbereitungsgebet (101; 46), dass man Ignatius keinen (Semi-)Pelagianismus und keine Werkgerechtigkeit vorwerfen kann: Selbst das erste Hinneigen zu Gott ist Gnade, die nur Gott wirkt und die folglich nur erbeten werden kann – zuweilen wird sie gewährt, zuweilen nicht.

100 Und selbstverständlich mit der spanischen Mystik nach ihm, mit Teresa von Avila und anderen.

101 Oftmals in Manresa „sah er, wenn er im Gebet war, mit den inneren Augen die Menschheit Christi" (BP 29, GG 33); beispielhaft zeigt sich hier, wie die mystische Erfahrung direkt zur Theologie beiträgt.

von der Krippe bis zur Passion; und es ist der *gekreuzigte* und damit der geschmähte und gedemütigte Jesus – im „Gespräch" der Ersten Woche (53 f.), in der Zweiten und in der Dritten Woche. Bezeichnend ist der Weg Christi und der ihm nachfolgenden Exerzitantin von der Mühsal (*pena*) in die Herrlichkeit (*gloria*, 95): In Anspielung auf den Philipperhymnus betont Ignatius die *Kenosis* Christi und die Erhöhung zum *Kyrios*, den Weg *nach unten* und jenen *nach oben* – als Weg Jesu *und* als Wege seiner Nachfolgerinnen und Nachfolger. Im Zentrum steht der soteriologische Akzent: „Für mich", „für meine Sünde" wurde Gott Mensch, starb Christus am Kreuz – zu entfalten ist diese Theologie im Zusammenhang der Dritten Woche. Ignatianische Christologie ist nie nur Lehre über Christus, sondern immer zugleich Aussage über Christen: Christus nachfolgend retten sie ihre Seele (23) und setzen sich mit ihm für die Rettung der Menschen ein.[102]

> *Gott sendet seinen Sohn in die Welt. In der sinnenhaften Betrachtung der „Geheimnisse des Lebens Jesu" und damit der Menschheit Jesu tritt der Exerzitant in die Beziehung zu Jesus und darüber zu Gott selbst ein. Übend ahmt er Jesu Leben nach und entdeckt, wohin und mit welchem Auftrag er in die Welt gesandt wird. Durch Mühsal hindurch gelangt er mit Christus zur Herrlichkeit Gottes.*

102 Zum Ganzen: Gabino Uríbarri (2018) 133 ff.

14. Vom Wählen

Warum „Wahl"? Ignatius spricht nie von Entscheidung/entscheiden *(decisión/decidirse),* sondern immer von Wahl/wählen *(elección/elegir):* Es geht ihm nicht um den existenziellen oder gar heroischen Akt des Subjekts, das – ganz modern – durch Lebensentscheide sich verwirklicht und sich auf diese Weise ein Selbst oder eine Identität oder ein öffentliches Profil gibt. Vielmehr wählt der Exerzitant, der sich auf eine Lebensform oder auf eine Aufgabe festlegt, aus meist mehreren Möglichkeiten, die auf ihn zukommen – angeboten wie geschenkt –, eine aus. Der Exerzitant *stimmt nur zu* – die Aktion, der Willensakt tritt zurück zugunsten des Ergreifens einer Chance; oder besser: Er *lässt* sich im Wählen einer Möglichkeit rufen und greifen, packen und senden und so Aufgabe und Identität schenken. In der Wahl ist die Passivität größer als die Aktivität, um dann in der ausgeführten Sendung selbstverständlich zu großer Aktivität zu werden. Wie wählt der Exerzitant? In Gottunmittelbarkeit (15) wird er wählen, ohne Mittlerdienste durch andere Menschen, vielmehr im intimen Dialog mit dem Du Gottes, indem er die widergöttlichen von den göttlichen Regungen oder Geistern unterscheidet und die einen abweist und den anderen folgt. „Die Bemühung zielt einzig drauf, dass der Mensch das wählt, was Gott für ihn wählt", so Hans Urs von Balthasar.[103] Antwortend wählt der Exerzitant die Wahl Gottes.

---

103 (1993) 49.

Was wählen? In der Ersten Woche kehrte sich die Exerzitantin vom Bösen ab. In dieser Entscheidung ist sie nicht frei, denn diese Abkehr ist Pflicht: Als Christin *muss* sie das Gute dem Schlechten oder Bösen vorziehen – von „Wahl" spricht Ignatius hier nicht. Erst in der Zweiten Woche *wählt* die Exerzitantin aus den verbleibenden Alternativen, die alle in sich gut sind, eine aus: Sie unterscheidet dabei zwischen gut und besser, und sie wählt – in großer Freiheit – das Bessere, weil dieses sie *mehr* zum Ziel führt. Alle möglichen Wahl-Gegenstände müssen sittlich gut sein und „innerhalb der hierarchischen heiligen Mutter Kirche" stehen (170–174).[104] Die erste und für Ignatius wichtigste Wahl ist die zwischen einem Lebensstand in Armut und einem mit Besitz, also zwischen dem „Stand der Räte" oder „Stand der Vollkommenheit", und dem „Stand der Gebote"[105] – die Armutsfrage ist für ihn zen-

104 Wenn man eine „unveränderliche" Wahl wie Ehe oder Priestertum schon getroffen und vollzogen hat, kann diese nach Ignatius keinesfalls nochmals Wahlgegenstand sein; sie ist also nicht revidierbar (172). Hierin ist er klar und streng. Heute ist das Verständnis der „Stände" anders – etwa die Ehe als Liebesbeziehung –, die sozialen Verhältnisse sind komplexer und wandelbarer, die Kenntnisse der menschlichen Psyche sind genauer – man wird eine Revision als mögliche Wahl je nach Umständen und nach gründlicher Unterscheidung doch für möglich halten. Vgl. Kiechle ([10]2020) 57–60.

105 Die klassische Lehre von zwei Ständen war im 16. Jahrhundert verbreitet und wurde im Trienter Konzil lehramtlich bestätigt. „Räte" meint jene drei „evangelischen Räte", die Jesus im Evangelium *rät*: Armut, Keuschheit und Gehorsam – in diesem Stand leben Menschen mit Ordens- oder Privatgelübden. „Gebote" meint die 10 Gebote des Dekalogs – in diesem Stand leben Menschen, die Besitz haben und verheiratet sind, aber eben sich an den Dekalog halten. Der niedrigere Stand ist „geboten", also verpflichtend, der höhere, „vollkommene" Stand ist nicht verpflichtend, sondern wird angeraten.

tral.[106] Doch zugleich betont er, dass Jesus uns beide Stände vorgelebt hat und dass „wir uns einstellen müssen, in jeglichem Stand oder Leben, das Gott, unser Herr, uns zu erwählen gibt, zur Vollkommenheit zu gelangen“ (135).[107] Das Direktorium zu den Exerzitien[108] sagt, dass man zur Wahl indifferent sein müsse und dass man zuerst zwischen „Räten“ und „Geboten“ wählen und danach überlegen solle, in welchem Orden bzw. in welcher Lebensweise der Gebote – Ehe, Weltpriestertum, Beruf – man leben will.[109]

Drei Weisen. Was Ignatius „Zeiten“ einer guten Wahl nennt, meint eher Weisen des Wählens,[110] die freilich, so ist wohl zu deuten, zu unterschiedlichen Zeiten aktuell werden. Die *erste* Weise ist das direkte, gleichsam übernatürliche Berufungserlebnis, der Blitz vom Himmel, der völlig unerwartet kommt und direkte Evidenz in den Willen Gottes gibt; sie ist – zumindest auf den ersten Blick – selten, keinesfalls durch Eigenaktivität herbeiführbar, reine Gnade (175). Die *zweite* Weise ist Unterscheidung der Geister, insbesondere von Trost und

---

106 Die sozialen Unterschiede waren im 16. Jahrhundert riesig, und wenn ein bürgerlicher oder adliger junger Mann eine arme Lebensform, etwa einen Bettel- oder den Jesuitenorden, wählte, war dies ein Skandal.

107 Damit nimmt Ignatius den Neuansatz des Zweiten Vatikanischen Konzils (LG 40–42) vorweg. „Vollkommen“ ist nicht der Angehörige des (objektiv) vollkommenen Standes, gleichsam kraft seiner Zugehörigkeit, sondern jede Christin ist gerufen zu ihrer (subjektiven) Vollkommenheit in dem Stand, in den sie persönlich gerufen ist.

108 „Direktorien“ sind schriftliche Anweisungen aus der Gründungszeit des Ordens darüber, wie man Exerzitien zu begleiten habe; das älteste ist von Ignatius selbst geschrieben; abgedruckt in GG 270–273.

109 GG 272 f.

110 So auch im Direktorium, GG 272 f.

Trostlosigkeit – Regungen, Emotionen spielen die zentrale Rolle; sie ist die wichtigste und in Exerzitien anzustrebende Weise (176). Die *dritte* Weise ist eher rational: Man ist nicht von Geistern bewegt, sondern „ruhig". Mit Blick auf das Ziel erwägt man mit Argumenten und Gründen, welche Alternative die bessere ist (177). Diese Weise ist „eher als der defiziente Modus der zweiten" anzusehen,[111] denn wirkliche Regungen, in denen die Geister direkt unterschieden werden, kommen nicht zustande.

Wie wählen? Heute deutet man mit guten Gründen das Verhältnis der drei Weisen zueinander[112] nicht exklusiv, sondern fließend: Meistens wählt der Exerzitant in einem Miteinander von zweiter und dritter Wahlzeit, also sowohl durch Deuten der mehr emotional-sinnlichen Regungen als auch durch Abwägen von Gründen, und wenn eines von beiden anfangs weniger gut gelingt, achtet man darauf, dass wenigstens im Nachgang die sich zeigende Wahl auch durch die andere, vorher weniger aktive Weise bestätigt wird (183 u. a.). Auch die erste Weise ist – auf den zweiten Blick – keine absonderliche Extremerfahrung, vielmehr wird jeder Exerzitant ausdrücklich darum bitten, auch in dieser „übernatürlichen" oder mystischen Weise zumindest ein bestätigendes Signal für seine Wahl zu erhalten. Gott wirkt in vielerlei Weisen, und der Exerzitant darf seinem Schöpfer und

111 So Karl Rahner in seinem wichtigen Aufsatz „Die Logik der existentiellen Erkenntnis bei Ignatius von Loyola", in: SW 10, 368 ff., zit. 380. Dazu auch Michael Schneider (1983) 79–133.

112 In der Literatur wird darüber diskutiert; je rationaler die Interpretation der Exerzitien, desto höher wird die dritte Weise geschätzt; vgl. DEI 726 ff.

Herrn zutrauen, dass er ihm vielfältig und umfassend seinen Willen kundtut.

Wille Gottes/Wille des Menschen. Ignatius versteht „Wille" (*volundad*) mit der Anthropologie seiner Zeit als eine der drei Seelenkräfte. Sie ist „die Fähigkeit, sich affektiv berühren zu lassen"[113]. Dieser „Wille", der beim Menschen stets zu läutern ist, kommt – in augustinischer Tradition – der Liebe sehr nahe: der tiefste und reinste Affekt zum anderen hin. Nun hat Gott für jeden Menschen einen Willen: seine Liebe, die sich individuell konkretisiert in einer Berufung, in einem zu wählenden Stand und Dienst. Diesen zu erkennen ist Aufgabe der Wahl. Was geschieht jedoch, wenn Gottes Wille ein anderer ist als jener der Exerzitantin? Kann Gott einen anderen Auftrag für sie wollen und ihr zu erkennen geben als jener, den sie selbst will? Ignatianisch ist da zu antworten: Wenn die Exerzitantin ihren Willen in einer Ersten Woche geläutert hat, sie sich also indifferent gemacht und auf das Ziel hin ausgerichtet hat, wenn sie weiterhin lauter und frei die Geister unterschieden hat, dann darf sie darauf vertrauen, dass in ihren trostvollen Regungen auf eine gewählte Aufgabe hin der gute, heilige Geist am Werk ist und sie, indem sie diesen Regungen folgt, den Willen Gottes erkennt und erfüllt. Ihr in diesem Sinn geläuterter und vom Geist gerichteter Wille *ist* damit der Wille Gottes – eine Diskrepanz beider Willen wird es nicht mehr geben. Gottes Wille erfüllt sie, indem sie seine immer

---

113 *La faculdad de estar afectado*: DEI 1787. Wie schon angedeutet, meint *volundad* nicht das moderne, „voluntaristisch" verstandene Wollen, wobei das häufige Vorkommen von *querer* (wollen) im Exerzitienbuch ein solches Missverständnis nahelegen kann.

fürsorgliche und weisende „Liebe und Gnade“ (234) annimmt.[114]

Gottes- und Menschenbild. Zunächst: Gott *hat* für jeden einzelnen Menschen einen persönlichen „Willen“ und damit eine Liebe, eine Sorge, einen Auftrag – eine erstaunliche theologische Aussage. Gott will, dass jeder Mensch in seiner Wahl getröstet lebt und zugleich Frucht bringt für andere Menschen. Warum jedoch ist dieser individuelle Wille Gottes so schwer erkennbar? Ist das ein Mangel der Schöpfung, die also an diesem Punkt gottgewollt begrenzt ist? Oder ist es Folge des Sündenfalls, dass die Welt immer komplexer, immer wirrer, immer stärker vom bösen Geist durchwirkt ist und dadurch Gottes Wille sich verdunkelt? Die Frage ist schwer zu beantworten. Ignatius wird dazu neigen, als Ursache der erschwerten Erkenntnis des Willens Gottes die Sünde anzuführen. Dennoch: Der Mensch ist nicht so verdorben, dass er den Willen Gottes nicht erkennen könnte: direkt, unmittelbar, in Kommunikation, in Beziehung. Das Böse darf er nicht wählen, hier ist er nicht frei; zwischen mehreren Guten darf er jedoch frei wählen, auf das Magis hin. Das erstaunlich wertschätzende Menschenbild des Ignatius beinhaltet, dass der Mensch in seinen Regungen, also gleichsam *in seiner Seele,* den liebenden Willen Gottes erkennen *kann*, einen Willen, der ihn heilt und tröstet, ihn befreit und orientiert, ihn führt und rettet – und dass er frei ist, diesem Willen zu folgen.

---

114 Zum Zusammenhang von Suche nach dem Willen Gottes und Gnade vgl. Nurya Martínez-Gayol Fernández, in: Uríbarri (2018) 271–302, bes. 296 ff. über „erfüllte Gnade“ (*gracia cumplida*).

Gott hat für die Exerzitantin einen Auftrag. Sie wählt, indem sie einer Möglichkeit, die von Gott her auf sie zukommt, zustimmt. Meist wählt sie sowohl durch Unterscheidung der Geister wie durch vernünftige Erwägung, bisweilen auch antwortend auf ein direktes Signal Gottes. Wenn sie ihren Willen läutert, sich indifferent macht und auf das Ziel hin ausrichtet, findet sie in ihm Gottes Willen.

15. Die Geister unterscheiden II

Wie die Geister unterscheiden? Im Exerzitienbuch nennt Ignatius zur dritten, rationalen Wahlweise einige Übungen, die freilich teilweise auch Geisterunterscheidung beinhalten, also auch in die zweite Weise oder in den fließenden Übergang beider gehören (178 ff.). Mehrfach mahnt er, sich indifferent zu machen und auf das Ziel hin auszurichten. Interessant sind die Übungen, in denen er einer dritten Person Rat geben lässt (185) oder die Wahl in der imaginierten Todesstunde (186) oder in einer Gerichtssituation (187) erwägen lässt: Immer geht es darum, sich der zu klärenden Frage mit mehr Distanz und mit größerer Freiheit und Objektivität anzunähern. Als weitere Übung schlägt Ignatius im Direktorium vor: „An dem einen Tag Gott dem Herrn die eine Seite anbieten, am anderen die andere, etwa an dem einen Tag die Räte und am anderen die Gebote, und beobachten, wohin Gott unser Herr einem mehr für seinen göttlichen Willen Zeichen gibt; so wie wenn jemand einem Fürsten verschiedene Speisen anbietet und beobachtet, welche davon ihm genehm ist.“[115] Was Gott dem Exerzitanten zur Wahl anbietet, bietet dieser zurück an. Den Ausschlag zur Wahl gibt, was Gott „genehm“ ist, wo er also Wertschätzung signalisiert und dem Wählenden Trost sendet.

Trost. Ignatius definiert den geistlichen Trost (*consolación*, 316) :[116] Die Seele „entbrennt“ für Gott, sie sucht, liebt

115 GG 273. Hier sind nochmals beide „Stände“ parallel, ohne theologisches Ranking aufgeführt.

116 Ausführlicher zu Trost und Trostlosigkeit: Hans Zollner (2004) 133–144.

und ehrt ihn, wird indifferent. Sie weint: Tränen bedeuten, dass Leid oder Freude fließen dürfen, die Seele sich also reinigt, läutert und erhebt, was sie als tröstend erlebt. Sie wächst an Hoffnung, Glaube und Liebe,[117] an Freude und Heil,[118] also an gottgewirkten Tugenden, die direkt zu „himmlischen Dingen" und zu Gott hinziehen. Das Empfinden der Seele dabei ist „Ruhe und Frieden in ihrem Schöpfer und Herrn". Im Direktorium ist Trost auch „Erhebung des Geistes" (*elevación de mente*[119]). – Trost ist Gabe, und wahrer Trost ist immer Gabe des guten Geistes. Modern lässt sich sagen, dass der Getröstete gut verbunden ist: mit sich selbst, denn er hat Regungen und spürt sie, sowohl mit Tränen wie mit Freude; mit seinen Mitmenschen, in Liebe und im Dienst; mit Gott, denn er entbrennt, er hofft, glaubt und liebt, er ist ruhig *in* Gott. Oder noch knapper: Er ist *in Beziehung*: empfangend und gebend, fließend und heilend, erhebend und schöpferisch, liebevoll und lebendig.[120]

Trostlosigkeit. Ignatius definiert die geistliche Trostlosigkeit (*desolación*, 317) als Gegenteil des Trostes, sie ist Abwesenheit, Mangel, Negation: Die Seele ist dunkel, wirr, sie spürt sich nicht, steht neben sich, weiß jedoch nicht, wo sie steht. Sie neigt zu „niederen und irdischen Dingen", zu Kompensationen wie Konsum, Essen, Drogen. Sie ist

117 Warum die Reihenfolge anders ist als in 1 Kor 13,13, ist schwer zu erklären; vgl. Karlheinz Ruhstorfer (1998) 242.

118 *Salud* ist (vgl. *salvación*, Anm. 17) sowohl irdische Gesundheit von Leib und Seele (z. B. in 23) als auch jenseitiges Leben bei Gott (z. B. 165) – schön drückt das Wort die innere Verbindung beider aus.

119 GG 271 – die Formulierung entstammt der mystischen Tradition; vgl. DEI 419.

120 Felix Körner bezeichnet den Trost (2019, 188) als das „Herzstück des Ignatius" und bestimmt ihn als „Mitlieben mit Gott".

unruhig, von Zerstreuungen besetzt, zappelig. Sie glaubt nicht mehr, ist hoffnungslos, lieblos. Ihr Empfinden ist „träge, lau, traurig“: eine dumpfe, kalte, abgeschnittene Traurigkeit, die nicht fließt, nicht heilt. – Trostlosigkeit ist Entzug der Gabe des guten Geistes. Modern lässt sich sagen, dass der Trostlose nicht verbunden ist: nicht mit sich selbst, denn er fühlt sich dunkel, verwirrt, unruhig; nicht mit seinen Mitmenschen, denn selbst wenn er lieben *will*, schafft er es nicht zu lieben; nicht mit Gott, denn er will beten und spürt nichts, verliert den Glauben, die Hoffnung, die Liebe. Oder noch knapper: Er ist *nicht in Beziehung*: unempfänglich und verschlossen, trocken und blind, isoliert und blockiert, stumpf und geistlos, wie tot.[121]

Vom Umgang mit Trost und Trostlosigkeit. In Trostlosigkeit erscheint der Exerzitantin ihr Gebet leer, trocken, sinnlos, verzichtbar, und sie ist geneigt, es aufzugeben. Um in Trost zurückzukehren, soll sie die vorherige spirituelle Praxis beibehalten (318), eher etwas mehr und mit Nachdruck und Beharrlichkeit beten (319, 321) und weiterhin auf die grundlegende Gnade vertrauen, die immer bleibt (320). Sie soll Trostlosigkeit als Antwort auf laues Gebet oder als Prüfung nehmen (322). Sie soll die Schlichen des Feindes (325 f.), der sich gerne in einen Lichtengel verkleidet und falschen Trost einflößt (331 f.), zu durchschauen versuchen und ihnen widerstehen. Hingegen im Trost soll die Exer-

121 Der Unterschied zur Depression sei nur knapp angedeutet: Auch wenn in ihren Erscheinungsformen oder Wirkungen der Depression ähnlich, so ist Trostlosigkeit zuerst ein Element der Gottesbeziehung; sie zeigt sich im vergeblichen Versuch zu beten und ist vor allem schmerzhafte Gottesfinsternis.

zitantin – das darf man heute sicherlich ergänzen – erst einmal sich freuen und dankbar sein, allerdings soll sie sich nicht in Idealismus verlieren, sondern bodenständig und nüchtern bleiben (323 f.). In einer guten Wahl agiert der gute Geist meist mit Trost, mehr emotional, der böse mit Rationalisierungen, Trugschlüssen, konstruierten Bedenken (329); außerdem der gute sanft, der böse hart. In einer schlechten Wahl, die in Böses verstrickt, drehen sie ihr Vorgehen um (335). Tröstung ist dann echt und zeigt die gute Wahl an, wenn sie nachhaltig ist (333). – Ignatius' Bilder sind wieder recht anthropomorph. Seine „spirituelle Psychologie" hat noch nicht die empirische Basis, die reflexive Differenziertheit und die fachliche Sprache heutiger psychologischer Wissenschaft, aber sie ist oft witzig und immer wieder treffsicher, und sie kennt die Abgründe und Wirrungen der menschlichen Seele erstaunlich genau. Theologisch beeindrucken die Einsichten darüber, wie Gottes Geist direkt in der Seele laboriert – und wie er kämpft gegen Verdrehungen, Widerstände, Abergeister.

Trost ohne Ursache. Diese eigenartige, man kann sagen mystische Erfahrung (330)[122] besteht darin, dass die Seele völlig ungeplant und ungewollt, ohne erkennbaren äußeren Grund in Freude und Friede, in Ruhe und Gottesliebe gerät, ein durchaus nicht seltenes und tiefes Glück. Dieser Trost kommt rein gnadenhaft – „Allein Gott unser Herr vermag …" – und zieht sich nach einiger Zeit wieder zurück; man nimmt ihn frei an und lässt ihn frei wieder los. Ausdrücklich weist Ignatius darauf hin, dass

---

122 Ausführlich dazu José García de Castro Valdéz (2001).

man nach solch glücklicher Erfahrung für eine Weile sensibilisiert bleibt und aufpassen muss, dass nicht der böse Geist diesen Zustand als leichtes Eingangstor für seine Umtriebe missbraucht (336). „Trost ohne Ursache" wurde von den Interpreten häufig mit der ersten Wahlzeit verbunden:[123] Als Phänomene sind beide Erfahrungen zwar ähnlich, allerdings ist die erste Wahlzeit nicht immer nur mit Trost verbunden – Paulus vor Damaskus war anfangs wirr und blind, also trostlos –, außerdem ist dieser Trost ja gerade ohne Ursache, also ohne einen gewählten oder zu wählenden Auftrag Gottes und ohne ein äußeres Widerfahrnis, von denen die Freude und der Trost herkommen könnten. Trost ohne Ursache ist zweckfrei und ohne Thema, er findet seinen Sinn und seine Würde in sich selbst. Dennoch: Als starke mystische Erfahrungen mit innerer Evidenz gehören beide zusammen, und ein „Trost ohne Ursache" kann den Boden bereiten für ein überraschendes Berufungserlebnis und umgekehrt. Gott greift bisweilen plötzlich ein, klar und direkt, mit Sanftheit oder mit Härte, nachhaltig beglückend, tröstend und weisend.

> *Gott lenkt die Seele mit beglückendem Trost und mit dessen Entzug, der Trostlosigkeit; der böse Feind versucht, dieses Wirken Gottes mit falschem Trost und mit seinen Trostlosigkeiten zu stören. Übend und unterscheidend lässt sich die Seele zu einer guten und heilen Wahl führen. Bisweilen tröstet Gott die Seele „ohne Ursache", rein gnadenhaft und zweckfrei, zu ihrer Freude und zu ihrem Heil.*

---

123 So Karl Rahner in seiner „Logik der existentiellen Erkenntnis", SW 10, 368 ff.; Peter Knauer in seiner Übersetzung des Exerzitienbuchs als Anmerkung zu 330.

Welt gestalten. Wer Christus nachfolgt, erhält in seiner selbst getroffenen Wahl – nur paradox ist das auszudrücken – *von Christus* eine Sendung (*misión*): Frei und zu ihrem Heil wählt die Exerzitantin, wozu sie erwählt ist. In die Welt gesandt zu sein und dort dem Herrn und den Menschen zu dienen – immer als *ein* Dienst gesehen (vgl. Mt 25,40) – ist Kern ignatianischer Spiritualität. Der missionarische Aufbruch der beginnenden Neuzeit, hinein in das alte, geistlich ausgetrocknete Europa und zugleich hinaus in die Weiten neuentdeckter Kontinente, die den Geist Christi noch nicht kannten, erhält aus den Exerzitien zusätzliche und überaus kreative spirituelle Energie. „Welt" hat einen dreifachen Sinn: Erstens ist sie gute Schöpfung, vom Menschen zu schätzen und zu nutzen. Wahrgenommen wird diese Welt im „Prinzip und Fundament" – Ignatius lebte in seiner Jugend unbekümmert ein in diesem Sinn weltliches Leben. Zweitens ist sie dem Bösen verfallen, man muss sie durchschauen, verachten und fliehen. Wahrgenommen wird diese Welt in der Ersten Woche – Ignatius lebte dieses Weltverhältnis in der radikalen Aszese in Manresa. Drittens wird sie in ihrer Ambivalenz zum Ort der Sendung. Wahrgenommen wird diese Welt in der Zweiten Woche – Ignatius ging – wie einst die Apostel – in sie hinein, um in ihr Gott zu finden und sie mit guter Unterscheidung der Geister auf das Reich Gottes hin zu bilden und zu gestalten. Wertschätzend, aber auch kritisch unterscheidend in die Welt zu gehen, in ihr Gottes Spuren zu entdecken und sie aktiv zu gestalten ist Frucht der Exerzitien – Karl Rahner spricht, wie eingangs erwähnt, von der ignatianischen „Mystik der Weltfreudigkeit"[124].

124 Er schreibt in dem erstmals 1937 publizierten Vortrag (SW 7,

Führen und Macht ausüben. Wer sich als Christ in Kirche und Welt engagiert und diese gestalten will, wird sich mit anderen verbinden; er wird nachhaltige Projekte einrichten, dauerhafte Institutionen gründen, politischen Einfluss nehmen. Er wird Führung übernehmen, und er wird mit Macht zu tun haben, ausübend oder erleidend oder beides – kein soziales Gefüge existiert ohne das Phänomen der Macht. Führung und Macht sind Teil der Wirklichkeit. Als solche sind sie von Gott gut geschaffen, als Mittel zum Dienst. Sie können jedoch vom bösen Geist unterwandert und pervertiert werden. Um Machtmissbrauch zu verhindern, braucht es: gute Rechtsinstitute mit kluger Machtbegrenzung und -kontrolle; eine gute Ethik, sozial und individuell, vor allem gemeinwohlorientiert; eine kluge Unterscheidung der Geister, denn weit vor allem Recht und vor allen ethischen Erwägungen beginnen *in den Regungen* der Egoismus und der Narzissmus, die Verkehrung und die Verwirrung, der Missbrauch und die Gewalt. Ein Exerzitienweg kann dem Exerzitanten helfen, sich zu guter Führung zu bekehren. Führt er gut, hat dies theologische Qualität, denn er wirkt, was Gott wirken will, und er legt Zeugnis dafür ab, wie Gott selbst gut führt.[125]

279–293, hier 292 f.): „Ignatianische Weltfreudigkeit erwächst aus der Mystik der Verbundenheit mit dem, mit dem wir in der weltflüchtigen Torheit des Kreuzes eins geworden sind. Haben wir den Gott des Lebens aber gefunden, dann bricht solche Haltung aus der tiefen Verborgenheit in Gott hervor in die Welt hinein, und wirkt, solange es Tag ist, geht auf in der Aufgabe der Stunde dieser Welt und harrt doch gerade so sehnsüchtig auf das Kommen des Herrn.“

125 Ausführlich dazu Kiechle (2019a).

Helfend dienen. Mächtige missbrauchen gerne den Begriff „Dienst", um ihren Machtmissbrauch zu verschleiern. Wie kann Arbeit, auch machtvolle, zum Dienst werden? Das Exerzitienbuch verwendet „Dienst" oft, vor allem in der Zweiten Woche. Zunächst „bedient sich (*se sirva*) seine göttliche Majestät" des Exerzitanten, „sowohl seiner Person wie alles dessen, was er hat" (5, vgl. 135); danach dient dieser seinerseits der göttlichen Majestät (146f. u.a.): Dienst ist nicht Eigenmacht, sondern Antwort auf die Erkenntnis, von Gott in Dienst genommen zu sein. Dienst ist sehr nahe der Liebe: „in allem seine göttliche Majestät lieben und ihr dienen" (233, vgl. 363, 370). Quelle und Seele allen Dienens[126] ist das selbstlose Lieben, das andere um ihrer selbst willen annimmt und sie schätzt und ihnen hilft. Auch mit „Helfen" drückt Ignatius sein Anliegen aus, oft in der Form „den Seelen helfen" – so verstehen die Jesuiten seit Beginn des Ordens ihren Auftrag.[127] Dieser umfasst vielfältige Dienste, für Leib und Seele, für Christen und Nichtchristen, insbesondere für Arme und Bedürftige, letztlich für alle Welt, und immer großherzig und umsonst gegeben. Jedes christliche Helfen wird ein Element des Selbstlosen und des Umsonst haben – denn so hilft Gott. Wer dienend hilft, tritt in den Raum der Gnade ein, denn er hat Gottes Wirken erfahren und gibt nun anderen Menschen Anteil daran.

---

126 Vgl. DEI 1642.

127 Bei seiner Rückkehr aus dem Heiligen Land „neigte" (*inclinaba*) Ignatius, so schreibt er selbst, „mehr dazu, eine Zeit zu studieren, um den Seelen helfen zu können" (BP 50, GG 46). Dieses Neigen drückt eine Sehnsucht aus, die am Anfang des jesuitischen Dienstes steht. Für den Orden wurde dieses Programmwort unter anderem in der *Formula Instituti*, dem Gründungsdokument (bes. Kap. 1: GG 304f.), festgeschrieben.

Aktiv/passiv. Die Christin, die sich aus ignatianischem Geist in der Welt engagiert, ist zugleich höchst passiv und höchst aktiv: Zum einen ist sie nicht die reine *Macherin*, die selbstherrlich zugreifend alles ständig im Griff haben will. Vielmehr lässt sie sich erwählen und senden, und sie schaut und spürt und unterscheidet lange. Sie lässt andere wirken und wirkt mit ihnen zusammen. Sie weiß, dass Gott in den Dingen wirkt, und sie vertraut auf ihn, wissend, dass nur sein Wirken – im menschlichen Wirken ebenso wie in den Dingen – das Böse überwindet und das Gute schafft. Zum anderen ist sie ebenso wenig die reine *Schauerin*, die sich bequem oder ängstlich zurücklehnt und das, was geschieht, nur zulässt und betrachtet. Vielmehr ergreift sie ihre Kompetenzen und Energien und schafft zusammen mit anderen all das, was sie schaffen kann. Sie lässt sich ermüden und geht durch Widerstände und Schmerz (*pena*, 95) hindurch. In allem Tun vertraut sie jedoch auf Gott, wissend, dass er an ihr und durch sie an anderen wirkt. Indem sie Gott für alles, was ihr gelingt, dankt, bindet sie sich an ihn zurück und arbeitet gegen die Versuchungen des Stolzes und des Machtdenkens. Die Christin ist in ihrer eigentümlichen Passivität-Aktivität zugleich ohnmächtig und mächtig, demütig und selbstbewusst, geführt und führend, vertrauend auf andere und selbst mutig, ermüdet und frisch, empfangend und gebend und wiederum gebend und empfangend. Am meisten zählt das Vertrauen.

Individuell/gemeinschaftlich. Exerzitien macht man allein und im Schweigen, sie fördern das individuelle Charisma und die persönliche Sendung, und Jesuiten gelten als Einzelkämpfer – all das ist gut neuzeitlich und entspricht durchaus dem modern-christlichen Gottes- und Menschenbild.

Und doch geht Christsein nur gemeinschaftlich, und die Exerzitien haben einen tiefen sozialen Bezug, der meist wenig bedacht und umgesetzt wird: Christus ruft „alle seine Diener und Freunde“ (146); der Exerzitant wählt im Rahmen der kirchlichen Gemeinschaft (170); Liebe ist immer „Mitteilung von beiden Seiten her“, also Geben und Empfangen (231); Dienst ist liebende Hingabe an andere (233). Die Macht, die der Exerzitant in seiner Sendung ergreift, ist nicht nur die Fähigkeit des Durchsetzens seines Willens (nach Max Weber), sondern auch jene, „sich mit anderen zusammenzuschließen und im Einvernehmen mit ihnen zu handeln“ (Hannah Arendt[128]). Eine Zweite Exerzitienwoche mit den Themen der Nachfolge und der Wahl kann nicht nur vom Einzelnen, sondern sie kann und soll auch von Gemeinschaften und Institutionen durchlaufen werden: Durch einen gemeinsamen geistlichen Weg vertiefen die Teilnehmenden Form und Gestalt ihrer Nachfolge, sie unterscheiden die Geister in Gemeinschaft, und sie wählen auf diese Weise ihre gemeinsame Sendung – der Gemeinschaftsbezug der Exerzitien wird derzeit wieder mehr entdeckt und trägt, so hoffen viele, auf lange Sicht zur Erneuerung der Kirche bei.

> *Gott ruft und sendet. Der Christ wird Gott in der Welt finden und diese auf sein Reich hin gestalten. Dienend hilft er den Menschen, liebevoll, gratis. Zugleich ist er sehr aktiv und ganz passiv, er übt verantwortlich Macht aus und lebt die Ohnmacht irdischer Begrenzungen. Er geht ganz persönlich seinen Weg und verbindet sich mit anderen zur gemeinsamen Sendung, in der Kirche, in der Welt.*

128 Vgl. Kiechle (2020).

IV. Gerettet

In der Dritten Woche der Exerzitien richtet sich der Blick weiter nach vorne, wieder deutlicher auf Dunkles, unter drei Aspekten: Ihr Freund Jesus muss leiden – die Exerzitantin geht liebevoll mitleidend mit. Sodann betrachtet sie ihren Weg der Nachfolge, der sie wie Jesus möglicherweise in Verzichte und in Anfechtung, in Konflikte und in Widerstand, in Leiden und ins Sterben hineinführen wird. Schließlich wird sie auf arme und leidende Menschen blicken und darauf, wie sie helfend und kämpfend mit ihnen mitgeht: Ihr Einsatz für Gerechtigkeit und Frieden kommt deutlicher ins Bewusstsein. In diesen drei Facetten erblickt sie den Leidensweg, den Jesus für sie geht und sie mit ihm, gemeinsam für die Menschen. In der Ersten Woche ging es mehr um ihr inneres Leiden, als Täterin und als Opfer des Bösen, und um die Suche nach Vergebung und Heilung. Hier in der Dritten Woche geht es mehr um äußeres, zugefügtes Leiden, das Jesus – und sie selbst in Verbindung mit ihm – annimmt, trägt und durchleidet in der Gewissheit, dass es hilfreich und sinnvoll sein kann, Leiden für andere zu tragen.

Passionsbetrachtungen. Wieder entnimmt Ignatius allen Evangelien Geschehnisse und stellt sie zu einem konstanten Ablauf zusammen. Weil im Letzten Abendmahl symbolisch die Botschaft der Passion vorweggenommen ist, gibt er dieser Szene großes Gewicht, wobei er zu einer einzigen Geschichte verbindet, wie Jesus den Jüngern die Füße wäscht und wie er „das heiligste Opfer der Eucharistie … als größtes Zeichen seiner Liebe" einsetzt (289, vgl. 191). Die Bitte zu Beginn der Übungen fokussiert ihr Ziel: „Schmerz, Verspüren und Verwirrung, weil der Herr wegen meiner Sünden zum Leiden geht" (193); und gesteigert: „Schmerz mit dem schmerzerfüllten Christus, Zerbrochenheit mit dem zerbrochenen Christus, Tränen, innere Qual über die so große Qual, die Christus für mich erduldet hat" (203).[129] Das wiederholte „wegen meiner Sünden", „für mich" drängt die theologische Frage, was Jesu Leiden für Menschen bewirkt, geradezu auf. Ausführlich betrachtet die Exerzitantin Getsemani als den Ur-Ort betender Hingabe und danach den gehässig-verlogenen Prozess, der Jesus gemacht wird. Ignatius bleibt in der Dritten Woche recht bibelnah, und er schöpft aus der spätmittelalterlichen Passionsfrömmigkeit und Leidensmystik – in Spanien ist sie in den Ritualen der *Semana Santa* bis heute lebendig.

---

129 Nach 195 soll man „mit viel Kraft beginnen" und sich „anstrengen, Schmerz zu empfinden …". Das „Anstrengen" wird man in heutiger Anthropologie kritisch sehen. Wer ehrlich auf Christi Passion und auf das Leiden der Menschheit blickt, wird von selbst in Schmerz geführt werden. Wer um Schmerz bittet, überlässt Gott die Initiative, ob und wieweit er ins Mitleiden geführt wird.

Jesu Weg. Mit der rituellen Fußwaschung zeigt Jesus, dass der Dienst, den der Exerzitant in der Zweiten Woche wählte – vielleicht durchaus mit ritterlich-heldischen Phantasien –, zum demütig-niedrigen Dienst werden wird. Und mit dem „Opfer der Eucharistie" weist Jesus darauf hin, dass er sein Leben aus Liebe für die Menschheit gibt (289). Nach Ignatius *will* Jesus leiden (195) – hier muss „Wille" wieder gelesen werden als freie, vor allem emotionale, liebevoll-hingeneigte Bereitschaft, sich für andere ins Leiden ziehen zu lassen. Im Lauf der Passion wird Jesus immer schweigsamer, immer passiver, immer einsamer. „Die Gottheit verbirgt sich" (196) – zu sehen ist ein zunehmend armer und schwacher, leidender und gebrochener *Mensch*, der auch von Ignatius bald nicht mehr „Christus" oder „Herr" genannt wird, sondern nur noch einfach „Jesus".[130] Mit früheren spirituellen Traditionen lässt Ignatius die sieben letzten Worte Jesu betrachten (297) in all ihrer Widersprüchlichkeit, Vieldeutigkeit und Tiefe. Maria steht unter dem Kreuz, und sie ist einsam und „schmerzerfüllt" dabei, als der Leichnam vom Kreuz abgenommen wird (208 f., 298) – dem gläubig-betenden Exerzitanten wird sie zur Identifikation angeboten.

Nachfolge ins Leiden. In der Zweiten Woche wählt die Exerzitantin nur Gutes: etwas Wertvolles, von mehreren Guten das Bessere, ein Mehr. Man wählt nichts Schlechtes oder Böses, man wählt auch nicht Verzichte oder Leiden, also das Kreuz[131] – die qualitativen Wahlkriterien sind bei

130 Vgl. Michael Ivens (1998) 152.

131 In Getsemani (290) wird deutlich, dass auch Jesus das Kreuz nicht *wählt*, sondern im Gegenteil darum bittet, verschont zu werden, zugleich jedoch *bereit* (indifferent) ist, es zu tragen, wenn Gott dies will.

Ignatius eindeutig: Sie sind Gerechtigkeit und Friede, Freiheit und Liebe, Trost und geistliche Frucht. Freilich wird die Exerzitantin in der Dritten Woche feststellen: Wer für Gutes in der Welt kämpft, wird die Mächte des Bösen wecken und auf sich ziehen. Wer sich für Recht und Gerechtigkeit einsetzt, wird die Profiteure des Unrechts auf den Plan rufen, die um ihre Privilegien Angst haben und mit Gewalt gegen den Gerechten vorgehen. Wer für Menschenrechte und Demokratie einsteht, wird die Macht der Diktatoren zu spüren bekommen, die eine Opposition oder kritische Öffentlichkeit nicht ertragen und mit allen Mitteln um ihre Macht kämpfen. Wer freie Religionsausübung einklagt, wird den Hass der Fundamentalisten erfahren. Also wird nach der Wahl des Guten die Exerzitantin Böses erfahren. Sie wird dagegen kämpfen, soweit sie kann, aber vieles wird sie hinnehmen müssen. Im Blick auf das Kreuz – Symbol der Negation des Guten – prüft sie sich: Ist sie dazu bereit? Und sie wird das Für entdecken: Sie nimmt nicht zuerst ihr eigenes Leid an, sondern das Leid derer, die ihr größeres Leid nicht fliehen können und denen das kleinere Leid der Exerzitantin zu helfen verspricht. Die Frage, warum und wie Leiden helfen kann und wie das Für zu deuten ist, stellt sich nun nochmals dringlicher.

> *Gott erweist im Leiden seines Sohnes der Menschheit einen liebevollen Dienst. Der Exerzitant betrachtet den letzten Weg Jesu und geht ihn schmerzerfüllt mit. Er hat sich vorher für Gutes entschieden und entdeckt nun, dass sein Weg der Nachfolge ihn auch mit Bösem konfrontieren wird. Er nimmt diesen Weg an, aus Liebe zu Christus und zu den Menschen.*

Theodizee? Mancher Exerzitantin drängt sich die Frage auf, warum Gott Leiden zulässt.[132] Wenn Gott gütig und allmächtig ist, müsste er doch Leid schon bei der Erschaffung von Welt und Mensch ausgeschlossen haben, oder er müsste zumindest jetzt, da es waltet, eingreifen und es beseitigen. „Theodizee" nennt man die Frage, wie vor dem Forum menschlicher Vernunft der leidzulassende Gott zu rechtfertigen sei. Die Frage zielt vor allem auf das Leid in der Schöpfung, also in der Natur.[133] Die großen Versuche der Geistesgeschichte, eine vernunftgemäße Antwort zu finden, gelten als gescheitert. Der denkende Glaube steht – anders wird man das nicht sagen können – vor einem schwarzen Loch, das er weder verleugnen noch füllen kann. Die Exerzitantin wird sich betend und hoffend damit gedulden müssen, dass Gott zwar in allem Leid tröstend mitgeht, aber nicht gegen das Leid eingreift. Freilich ist die Theodizee-Frage vornehmlich eine des 18. Jahrhunderts, also der Aufklärung und der Moderne, nicht die des Ignatius: Dieser fragt nach Sünde, nach dem moralisch Bösen[134] und damit nach jenem Leid, das Menschen einander zufügen – für dieses Leid sind die Menschen verantwortlich zu machen, nicht Gott. Der liebende Gott leidet selbst mit, so ist – in wiederum anthropomorpher Denkweise – zu vermuten, wenn die von ihm gut

---

132 Ausführlicher hierzu und zum Folgenden Kiechle (2011).

133 *Malum physicum*: Krebsleiden, Pandemien, Tsunamis, Naturkatastrophen … Auf Gottfried Wilhelm Leibniz geht der Begriff „Theodizee" zurück. Der Aufklärung stellte sich das Problem dringlich nach dem Erdbeben, das 1755 Lissabon zerstörte.

134 *Malum morale*: Gewalt, Gier, Hochmut …

geschaffenen Menschen – mit Ignatius ist deren relative Freiheit vorauszusetzen – zueinander böse sind, und er leidet in besonderem Maße mit, wenn diese Menschen seinen Sohn grausam umbringen.[135] Warum greift er nicht ein? Wohl weil er die von ihm selbst geschaffene Freiheit respektiert, die der Mensch zwar nicht ständig, aber allzu oft zu der Menschen und zu Gottes Leid böse missbraucht. Menschen, die einander Böses antun, verletzen sich, und sie tragen, wie gesehen, diese Verletzungen von einem zum Nächsten weiter, durch Familie und Generation, durch Gesellschaft und Geschichte. Wie können dieses menschengemachte Böse, seine soziale Verstrickung und das aus dem Bösen fließende Leid überwunden werden?

Ausleiden. Wenn ein Mensch Böses erleidet und dieses Böse eben nicht vergilt, auf die Täterin nicht zurückschlägt, keine Rache übt, sondern in der Liebe bleibt und das Böse trägt, es annimmt im Sinne von „ertragen", „lassen", es also durchträgt, austrägt, ja gewissermaßen ausleidet …, dann werden nicht nur das Böse und die Böse beschämt, sondern es werden auch das Leiden und die Schuld in irgendeiner Weise weggetragen, annulliert, vernichtet. Selbstverständlich kann dies nur in Liebe und aus Liebe geschehen, es ist nicht planbar, nicht messbar, nicht beweisbar, schon gar nicht kann man es einfordern, es wird irdisch nie vollständig sein, es ist Geheimnis, freie Gabe, also Gnade, und es wird nur im Kleinen und nur von den Augen des Glaubens wahrgenommen – die Sprache stößt an Grenzen und muss entsprechend zurückhaltend formulieren. Dennoch: Liebe, die zugefügtes Leid

135 Das Spätmittelalter kennt hierfür den Bildtypus des Gnadenstuhls.

durchträgt, hat eine reinigende und heilende Kraft – diese durchaus gewichtige theologische Aussage meint das, was die Tradition mit „Sühne" bezeichnet. Das Wort und ebenso der Gedanke werden heute meist vermieden,[136] doch sie sind biblisch und ignatianisch, und theologisch braucht man diesen Gedanken, um das Kreuz und seine Wirkung, also die Erlösung und Rettung der Menschheit, zu beschreiben und zu deuten.

Füreinander. Kann ein Täter des Bösen *für sich* das Böse ausleiden, also seine eigene Sünde „wegleiden" und damit sich selbst erlösen? Nein, ein anderer muss das *für ihn* auf sich nehmen, der Prozess gelingt nur in Beziehung, im Für des menschlichen Miteinanders. Christus, der selbst ohne Sünde war, leidet *für* die Sünde der Menschheit – der Exerzitant betrachtet seit der Ersten Woche immer wieder das „Für mich" der Hingabe Jesu. Zugleich wird der Exerzitant hineingenommen in das Kreuzesgeschehen, auch er nimmt in seiner Jüngerschaft Leiden an *für* Christus und mit ihm *für* die Menschen. Man spricht von Stellvertretung: Der eine tritt für die Schuld des anderen ein und übernimmt diese, aber nicht wie im Handel, in dem ein Vertreter des Schuldners dem Gläubiger das Äquivalent der Schuld genau berechnet, bezahlt und damit dessen Schuld vollständig tilgt, sondern als Akt der Beziehung:

136 Dass in der Pastoral das Wort „Sühne" meist vermieden wird, hat einen guten Grund: Zu oft noch evoziert es die alte und nicht mehr erträgliche Theologie, nach der Gott wie ein verbitterter alter Mann im Himmel sitzt und – um seinen Zorn über die Sünde und seinen Rachedurst zu besänftigen – blutige Opfer verlangt, nämlich die Verbrennung von Tieren und später die grausame Tötung seines Sohnes. Dieses Gottesbild ist unchristlich, dämonisch, eine Projektion der aggressiv-destruktiven und sadistischen Anteile der menschlichen Psyche.

nicht quantifizierbar, nicht einzufordern, rein geschenkt, liebevoll. Dabei nimmt der eine den Platz des anderen ein, aber nicht so, dass jener nichts mehr zu tun hätte, sondern so, dass er hineingezogen wird in das eine Geschehen der Heilung und Erlösung beider. Wenn der Exerzitant seit der Zweiten Woche den menschgewordenen Christus „mehr liebt und ihm mehr nachfolgt" (104), führt dieser ihn in jene liebevolle Hingabe, die er für ihn auf sich genommen hat, ein und lässt ihn an seinem Dienst für die Menschheit mitwirken. Nicht Leiden, sondern Mitleiden (*compasión*[137]) heilt.[138]

Etappen der Kreuzesnachfolge. Selbstverständlich wird der Exerzitant Böses bekämpfen, wo dies sinnvoll, möglich und effektiv zu sein verspricht. Doch ebenso selbstverständlich wird er, wo dies unmöglich erscheint, das Böse nicht einfach agieren lassen und es fliehen, sondern er wird sich ihm – im rechten Maß – stellen und es tragen und durchleiden. Verlust und Verzicht, Schmerz und Sterben wird er auf sich nehmen. Er wird Leben verlieren, um Leben zu gewinnen. Darf und soll er Verlust und Leiden anstreben? Man wird auf dem Exerzitienweg drei Etappen der Kreuzesnachfolge unterscheiden:

In einigen Übungen der Ersten und zu Beginn der Zweiten Woche *will* er Schmerz empfinden und leiden, und er bittet darum (u. a. 55, 82 ff., 97 f., 146 f., 167) – hier hat er eine *Vorliebe* dafür, ein „Kreuz" zu erfahren. Zwei

137 Das Wort kommt im Exerzitienbuch nur einmal vor: Maria hatte, als Jesus beschnitten wurde, „Mitleid mit dem Blut" (266).

138 Ein paulinisches Wort sagt es so: „Jetzt freue ich mich in den Leiden, die ich für Euch ertrage. Für den Leib Christi, die Kirche, ergänze ich in meinem irdischen Leben das, was an den Leiden Christi noch fehlt" (Kol 1,24).

Gründe kann man dafür erheben: Sein *Wollen* ist wiederum ein affektiv-liebevolles Hinneigen zum schmerzerfüllten Freund – er will ihm *mitleidend* nahe sein, wenn dieser *für ihn* leidet. Außerdem ist es seine *Aszese*, für begrenzte Zeit, im rechten Maß und ohne Schädigung seiner selbst oder anderer Menschen Verzichte auf sich zu nehmen – er will also Indifferenz einüben, jene innere Haltung, an Besitz und Erfolg und Ehre nicht ungeordnet zu hängen, sondern frei zu sein für die Wahl des Besseren. Wer ungeordnet ist, begibt sich willentlich und für begrenzte Zeit[139] vom einen Extrem des Anhängens ins andere Extrem des weitgehenden Verzichts, um dadurch in die Waage der inneren Freiheit (15) oder eben „zur Mitte zu kommen" (*para venir al medio*, 84).

In der Wahl – Fortsetzung der Zweiten Woche – *ist* er in dieser Waage, also indifferent, das heißt, er ist *bereit*, Krankheit, Armut und kurzes Leben zu ertragen (23), aber er *will* nicht und er *wählt* nicht das Schlechtere, den Verzicht, das Kreuz. Er ahnt schon, dass Verluste auf ihn zukommen werden, aber aktiv wählt er nur Gutes.

---

139 Bezeichnend sind einige Einschränkungen: „wofern es nur Euer größerer Dienst und Lobpreis ist; … wenn Eure heilige Majestät mich zu einem solchen Leben … erwählen will" (98); „wenn seiner göttlichen Majestät damit gedient ist und sie mich aufnehmen und erwählen will; … wenn ich sie nur ohne jemandes Sünde erdulden kann" (147); „wenn (*cuando*) der Lobpreis und die Ehre der göttlichen Majestät gleich ist" (167). Nun ist Leiden ja kein Lobpreis und keine Ehre Gottes. Gemeint ist wohl: Solange der Exerzitant noch nicht gewählt hat und noch nicht „im Dienst" ist, also sich noch auf diesen vorbereitet, kann er *als Exerzitium* – wenn Gott das will – für begrenzte Zeit und mit begrenztem Ziel (eben dem der Vorbereitung) Leiden anstreben, um es später in der Wahl allerdings nicht mehr anzustreben. In dieser ist nie vom Verlangen oder Streben nach Leiden die Rede, nie von der dritten Weise der Demut (167), sondern von der zweiten Weise oder der Indifferenz (23, 166).

In der Dritten Woche sieht er, dass ein Kreuz gewiss auf ihn zukommen wird, er betrachtet nüchtern dieses Wahrscheinliche und er akzeptiert es in Freiheit und in Geduld. Christus trug es für ihn, er trägt es mit Christus für andere. Auch hier strebt er – wie Jesus in Getsemani – das Kreuz nicht an, sondern er trinkt den Kelch dann und nur dann, wenn der Vater dies von ihm will.

Gott lässt zu, dass sein Sohn für die Menschen leidet. Es ist allerdings die Bosheit der Menschen, die Jesus umbringt, und der Vater leidet mit ihm mit. Jesu liebendes Leiden hat heilende und reinigende Wirkung für die Menschheit. Die Exerzitantin lässt sich aus Liebe in dieses Leiden hineinziehen, sie empfängt seine reinigende Kraft für sich und nimmt mit ihrem Leiden teil am Erlösungswerk Gottes.

19. Vom Sterben und vom Tod

Exerzitien als Weg des Sterbens. Immer wieder und in zuweilen langen Phasen erfährt die Exerzitantin Trostlosigkeit – sie fühlt sich wie in einem Sterben: ohnmächtig und leer, schwach und wirr, einsam und gottverlassen (316). In der Wahl versetzt sie sich in ihre Todesstunde und betrachtet, wie sie im Moment des Sterbens und damit des Loslassens aller Dinge vor Gott gewählt haben wollte (186, 340). Neben diesen ausdrücklichen Erfahrungen umgreift der gesamte Exerzitienweg ein Sterben: Dinge der Welt wurden für die Exerzitantin geschaffen und ihr gegeben (Prinzip und Fundament). Jene Dinge, an denen sie ungeordnet hängt, lässt sie los (Erste Woche). Sie empfängt in der Nachfolge Jesu ihren Auftrag und wählt Mittel dazu (Zweite Woche). Im Angesicht des Todes Jesu lässt sie viele Dinge, auch solche, die sie geordnet nutzt, los (Dritte Woche). In der „Betrachtung, um Liebe zu erlangen“, die am Ende die ganzen Exerzitien zusammenfasst, übt die Exerzitantin nochmals ein, alles Empfangene zurückzugeben (234).[140] – Auf diesem langen Weg wird ihr im Inneren etwas sterben. Was kann dies sein? Man denkt an das Zurückgeben von Eigentum und Leistung, von Einfluss und Kraft, von Freiheit und Beziehung, von Identität und Stolz – an das Aufgeben jenes Egos, um dessen Bedürfnisse und Wichtigkeit sie so sehr kreiste. Exerzitien überwinden den angestammten Narzissmus, das selbstverliebte Kleben an Besitz und Sexualität, Macht und Ehre – kein Zufall, dass auch die

140 Vermutlich spricht man angesichts des Todes besser von „Zurückgeben“ als von „Loslassen“.

klassischen evangelischen Räte Armut, Keuschheit und Gehorsam ein solches Sterben bezeichnen, auch wenn sie, genau wie Exerzitien, selbstverständlich nicht beim Sterben bleiben, sondern durch das Sterben hindurch zur Fülle des Lebens führen.

Martyrium. Mit dem Gekreuzigten kann man sprechen „wie ein Freund zu einem andern spricht" (54). Freunde trösten einander im Leiden (vgl. 224). Menschen, die einander lieben, tauschen Gaben und Erfahrungen aus, und sie geben *sich selbst* (231, 234). Als größter Erweis von Liebe ist ein Freund bereit, sein Leben hinzugeben – Ignatius sagt dies nicht ausdrücklich, aber Joh 15,13 und der biblische Kontext[141] schwingen vor allem in der Dritten Woche immer mit. Wer wirklich liebt, wird mit einem inneren oder äußeren Martyrium rechnen. Die Dritte Woche führt zu diesem Gedanken hin, auch wenn heute das Martyrium in Europa – im Gegensatz zu weiten Teilen der Welt – der Spiritualität und der Realität vieler Christen entschwunden ist. Freilich geht die Exerzitantin nicht freudig-erwartungsvoll oder gar heroisch-begeistert auf das Martyrium zu – solche Irrwege gab es in der Spiritualitätsgeschichte immer wieder –, sondern sie muss wie Jesus in Getsemani um das nötige Vertrauen angstvoll-betend ringen (*en agonía; en tanto temor*, 290). Zu sterben oder gar von anderen für andere zu Tode gebracht zu werden ist dunkel und schwer (*pena*), aber mit Jesus als Freund und im Blick auf die Herrlichkeit Gottes (*gloria*, 95) kann es tragbar und sinnvoll werden.

---

141 Z.B. Joh 10,11; Joh 21,15–19 (mit Rückgriff auf Ez 34); *agape*, hingebende Liebe, wird zugleich zur *philía*, Freundesliebe.

Missbrauch des Kreuzes? Wo der Geist stark wirkt, findet auch der Abergeist sein Einfallstor: Beispielsweise übertreibt der Exerzitant aus vermeintlich heiligem Eifer seine Aszese und schädigt Seele oder Körper; Ignatius warnt im Exerzitienbuch (84, 86) und später in Briefen[142] immer wieder davor. Oder: Bußprozessionen, Sühne-Rosenkränze oder entsprechende Wallfahrten gestalten sich skrupulös und voluntaristisch, außerdem moralisierend gegen andere. Oder: Jemand leidet unter unfreien, manipulativen, ausbeuterischen Umständen, etwa in einer geistlichen Gemeinschaft, und die Verantwortlichen rechtfertigen diesen Zustand mit dem Argument, man müsse eben sein Kreuz tragen; Persönlichkeiten zu zerbrechen ist extremer geistlicher Missbrauch. Oder: Jemand geht mit erhobenem Kruzifix gewaltsam gegen die „Unwahrheit" der „falschen" Religion vor, in Konfessions- oder Religionskriegen, in Kreuzzügen. Oder: Eine herausgehobene Gruppe – etwa der Klerus oder der Adel – beharrt auf Kosten anderer auf ihren Privilegien, mit Hinweis auf ihre göttliche Auserwählung und der gottgewollten Niedrigkeit der anderen. – Die Spiritualität und Theologie der Dritten Woche bietet viele Möglichkeiten des Missbrauchs unter dem Gewand der Frömmigkeit und dem Schein des Guten. Hier braucht es gründliche und kluge Unterscheidung der Geister, etwa zu folgenden Fragen: Wo lässt *Gott* ein narzisstisch verblendetes Ego sterben mit dem Ziel, es zu heilen, zu beleben und zu senden – und wo bricht ein *Mensch*, mit welchen Zielen auch immer, die Freiheit oder die Würde eines anderen? Wo leidet jemand mit anderen

---

142 Etwa in dem schon erwähnten „Vollkommenheitsbrief" an die Jesuiten in Coimbra (vgl. Anm. 63).

heilsam mit – und wo wird sinnloses Leid verstärkt, verlängert oder ideologisiert?

Gott führt den Exerzitanten in die Realität des Sterbens und des Todes ein. Im Blick auf den Gekreuzigten lernt er, seinen Besitz und sein Leben an den Schöpfer zurückzugeben. Dieser Weg will nicht enteignen oder demütigen, sondern zum Leben befreien. Damit das Kreuz nicht für falsche Spiritualität missbraucht werde, braucht es kluge Unterscheidung der Geister.

V. Geliebt

Nach dem langen Dunkel endlich das Licht: Die Vierte Woche der Exerzitien thematisiert Auferstehung, neues Leben, die Herrlichkeit Gottes, das Leben in Trost, Freiheit und Liebe. Nach dem meist recht individuellen Üben vorher öffnet sich die Exerzitantin für das Miteinander mit anderen in der Kirche. Freudig vertieft sie ihre Wahl. Am Ende des betrachtenden Weges durch die Heilsgeschichte kommt Gott als der dreifaltige deutlicher in Blick. Die „Betrachtung, um Liebe zu erlangen“ fasst den Weg zusammen und bringt ihn zur Synthese.

Osterbetrachtungen. Die Exerzitantin gönnt sich nun Helligkeit, Essen und Schlaf (227, 229) – ihre Sinne dürfen aus vollen Zügen genießen. Sie erbittet Freude (221, 229) – österlicher Jubel soll auf sie überspringen und sie erfüllen. Sie betrachtet die erstaunliche Zahl von 13 Ostererscheinungen, nicht nur aus den Evangelien, sondern auch aus dem ersten Korintherbrief, aus der Apostelgeschichte und aus der frommen Phantasie[143] (299–311). Warum wird die Begegnung des Auferstandenen mit Maria von Magdala von Ignatius nur gestreift (300,3) – galt die johanneische Erzählung als unwichtig oder gar als anrüchig? Wiederholen soll die Exerzitantin die Übungen nicht, aber an den Abenden soll sie, wie früher schon, „die Sinne anwenden" (227). Die Serie endet mit der Himmelfahrt, nicht mit Pfingsten – wohl, weil die Exerzitantin sich hier auf Jesus fokussiert, von seiner Herabkunft bis zu seinem Entschweben, und nicht auf die heilsgeschichtliche Fortsetzung seines Lebens.[144] Wiederum gelten die Erzählungen darüber, wie der Auferstandene den Menschen erschien, einfach als berichtetes Geschehen (*historia*), und die Frage nach historischer Plausibilität oder Faktizität stellt sich nicht – direkt geoffenbart, soll das Erzählte Hoffnung, Glaube und Liebe wecken, also trösten.

Maria. Am Ende der Dritten Woche betrachtet der Exerzitant, wie Maria unter dem Kreuz steht (297) und wie sie nach dem Tod Jesu in ihrer Einsamkeit mit ihm mit-

143 Die Erscheinungen vor Maria und vor Josef von Arimatäa übernimmt Ignatius von Ludolf von Sachsen (vgl. 1994; 196f., 203).

144 Auch dies so bei Ludolf. Ignatius wollte wohl auch die Rolle des Geistes nicht überbetonen; vgl. Kap. 21.

leidet (208 f.); gleich zu Beginn der Vierten Woche schaut der Exerzitant, wie der Auferstandene seiner Mutter erscheint (218 ff., 299) – Maria bildet gleichsam die heilsgeschichtliche Brücke vom Karfreitag zum Ostertag. Sie bleibt unbeirrt und nachhaltig in ihrem Glauben, vom Mitleiden mit seinem Sterben bis zur Freude über sein neues Leben. Damit wird sie dem Exerzitanten zum Urbild des Glaubens und zum Vorbild in der Nachfolge. Wie schon in der Bibel bleibt Maria in den Übungen eigentümlich passiv, also Empfängerin von Gnaden – auch darin weist sie dem Exerzitanten den Weg. Dass man auch ohne biblische *historia* die Erscheinung des Auferstandenen vor Maria betrachten soll, wird von Ignatius etwas defensiv begründet (299), doch der Gedanke, dass die besondere Nähe des Sohnes zur Mutter eine besondere Zuwendung zu ihr nahelegt, rechtfertigt die Idee dieser Übung. Immer wieder nennt Ignatius Maria „unsere Herrin" (218 u. a.): Das erinnert zum einen an die hohe, platonisch verehrte Dame der ritterlichen Welt, zum anderen stellt es Maria auf Augenhöhe mit dem „Herrn" Jesus Christus – nicht, um sie zu vergöttlichen, vielmehr um ihre innige Verbindung mit Jesus darzustellen und um den Exerzitanten einzuladen, sich zusammen mit der „Begnadeten" ins Gnadenhandeln Jesu – durch *pena* zur *gloria* (95) – hineinnehmen zu lassen. Schließlich werden im innig-betenden Gespräch mit der Herrin, Frau und Mutter Maria sowohl im Exerzitanten als auch in der Exerzitantin andere seelische Saiten zum Klingen kommen als in dem männlich bestimmten Beten zu Jesus oder zum Vater.[145]

145 Mehr dazu bei Klaus Vechtel (2017), 18–35.

Das Amt zu trösten. Nachdem in der Dritten Woche viel Trostlosigkeit auszuhalten war, bringt nun der Auferstandene viel Trost (224) – sowohl als „Freund", in persönlicher Zuwendung, wie auch als „Amt", in einer offiziösen Mission vom Vater. Das schöne Bild, „wie Freunde einander zu trösten pflegen", bezeichnet zunächst, wie der „Herr" die „Herrin" tröstet, damit aber auch, wie er alle Glaubenden tröstet: obwohl er Amtsträger ist, eben nicht hoheitlich-amtlich, sondern als Amtsträger freundschaftlich. Alle Christen werden jetzt in den Freundesstand aufgenommen. In der Ersten Woche, beim Gebet zum Gekreuzigten, wurde noch die Alternative gestellt, als Knecht oder als Freund zu ihm zu beten (54), hingegen sind jetzt, nach dem gemeinsamen Weg durch das Leiden, alle, die glauben, zur Augenhöhe mit dem Auferstandenen berufen. Den „Trost" des Auferstandenen darf man getrost in jenem umfassenden Sinn verstehen, wie er in der Unterscheidung der Geister (316) entfaltet wird: als Entflammen für Gott, als Tränen, als Hoffnung, Glaube und Liebe, als Ruhe und Friede in Gott. Dieses „Amt zu trösten" ist nicht nur das des Auferstandenen selbst, sondern er „bringt" es seiner Mutter und in ihr jenen, die glauben und nachfolgen. So mandatiert er sie alle, auch andere Menschen freundschaftlich zu trösten.[146]

Gottheit und Menschheit. Das Glaubensbekenntnis bezeichnet Christus mit Begriffen griechischer Philosophie als „wahrer Mensch und wahrer Gott". Wie ist diese gleichzeitige Göttlichkeit und Menschlichkeit Jesu in seinem Leiden und in seiner Auferstehung zu deuten? Ignatius spricht von der „Gottheit, die sich im Leiden zu verbergen

146 Klingt hier auch Paulinisches an? Vgl. 2 Kor 1,3–7: Paulus leidet, und er wird getröstet – beides *für die Gemeinde*.

schien"; sie war zu diesem Zeitpunkt nicht mehr sichtbar oder spürbar, auch nicht für Jesus selbst, der sich von Gott verlassen fühlte, aber dennoch war sie da, wenn auch passiv, mitgehend und – so darf man deuten – mitleidend. Hingegen an Ostern soll man erwägen, „wie die Gottheit … nun so wunderbar in der heiligsten Auferstehung durch deren wirkliche und heiligste Wirkungen erscheint und sich zeigt" (223): Die Gottheit zeigt sich nicht direkt, denn Gott zu schauen würde kein Mensch ertragen, aber sie zeigt sich darin, wie der Auferstandene in den Seelen *wirkt*: Er weckt Trost und Freude, Frieden und Gnade. Einerseits erscheint der Auferstandene nur flüchtig, ist nicht zu greifen, nicht festzuhalten, nicht zu berühren – so vor Maria von Magdala –, und nur 40 Tage lang sendet er einige überraschende Präsenz-Signale: Mit dieser Flüchtigkeit und Distanz betont er seine *Gottheit*. Andererseits isst er mit Jüngern – am See Genezareth, in Emmaus –, er zeigt seine Wunden, er lässt sich von Thomas anfassen, er spricht, er sendet: In neuer Leiblichkeit und Nähe zeigt er sich in seiner *Menschheit*, in Kontinuität mit dem Menschen Jesus, den die meisten der Zeugen vor Ostern kannten. Die Verbindung von Gottheit und Menschheit bleibt geheimnisvoll – in ihrem Üben entdeckt die Exerzitantin beides, und mit den Augen des Glaubens wird sie beides in Einheit als tröstend und sendend erleben.

> *Gott zeigt sich im Auferstandenen auf vielfache Weise – auch der Exerzitantin in ihrem Betrachten. Maria ist Urbild des Glaubens. Der Auferstandene begegnet auf Augenhöhe. Er tröstet und er beauftragt zu trösten. In der Passion war er in seiner armseligen Menschheit zu sehen, an Ostern zeigt er sich auch in seiner Gottheit, zwar nur flüchtig, aber wunderbar – und er sendet.*

Warum Maria? Im „dreifachen Gespräch" lässt Ignatius die Exerzitantin immer wieder Maria, den Sohn und den Vater ansprechen (147, 156 u.a.) – Spötter bezeichnen diese drei als die „ignatianische Dreifaltigkeit". Nun wird der Heilige Geist im Exerzitienbuch selten erwähnt, wohl vor allem deswegen, weil Ignatius in seiner Studienzeit in Spanien und in Paris dem Verdacht aus dem Weg gehen wollte, jenen Splittergruppen der Alumbrados anzugehören, die sich gegen die Kirche auf den Geist beriefen und entsprechend verfolgt wurden. Außerdem, so darf man theologisch deuten, ist Maria die schlechthin Geisterfüllte, und wer mit ihr spricht oder sich über sie an den Sohn und an den Vater wendet, betet gleichsam im Geist zu Gott. Der Geist ist in Maria als der eminent Glaubenden in der Kirche präsent – über diesen Umweg spricht die Exerzitantin im dreifachen Gespräch doch die ganze Trinität an.

Wo aber ist der Geist? Ausdrücklich kommt der Geist – Ignatius ist hier ganz biblisch – bei fünf der „Geheimnisse des Lebens Jesu" vor: beim Besuch Elisabeths (263), bei der Taufe Jesu (273), bei einer Erscheinung des Auferstandenen (304), beim universalen Taufbefehl (307) und bei der Himmelfahrt (312).[147] Der Geist wird hier immer christologisch fokussiert – auch Elisabeth freut sich im Geist über die Ankunft Christi –, und er hat einen Bezug zur Sendung Jesu und der Jünger. Die „Betrachtung, um Liebe zu erlangen", wird bisweilen als das Pfingsten der

147 Zur Rolle des Geistes in der Kirche siehe Kap. 22.

Exerzitien bezeichnet,[148] nicht nur, weil die Übung nach der Himmelfahrtsbetrachtung gleichsam an die Stelle der Pfingstbetrachtung tritt, sondern vor allem, weil sich der Geist, der ja gewissermaßen göttliche Liebe *ist*, hier als liebevolle Hingabe zeigt und von der Exerzitantin in ihrem Üben „erlangt" werden möchte. Darüber hinaus kann man grundlegend sagen, dass auf dem ganzen Weg der Exerzitien in der Exerzitantin der Geist wirkt: Er bewirkt die Regungen ihrer Seele,[149] er schenkt ihr Trost, er hilft ihr, die Geister[150] zu unterscheiden,[151] er bestätigt ihre Wahl, er gibt ihr Energie und Freude – alles geistliche Üben ist geistgeführt und geisterfüllt.

In den Exerzitien. Ausdrücklich erscheinen „die drei göttlichen Personen", wie erwähnt, in der Betrachtung der Inkarnation (101 ff.) – man muss Ignatius, weil er nicht „Dreifaltigkeit" sagt, sondern immer von den „drei göttlichen Personen" spricht, keine schräge, tendenziell tritheistische Theologie unterstellen. Die drei Personen, so wird etwas anthropomorph dargestellt, beraten sich wie in einer kollegialen Unterscheidung und entscheiden dann gemeinsam, das Menschengeschlecht zu retten. Ignatius

---

148 Vgl. Gabino Uríbarri (2018) 211.

149 Vgl. Hans Urs von Balthasar (1993) 81 f.

150 Ist der „gute Geist" der „Regungen" ein anderer als der Heilige Geist? Dafür gibt es wenig theologischen Grund: In den „guten" geistlichen Regungen wirkt durchaus Heiliger Geist – welcher sonst? Auch hilft dieser der Exerzitantin, ihn selbst vom Abergeist zu unterscheiden.

151 Im Geistlichen Tagebuch erzählt Ignatius, wie er über die Armutsfrage eine Unterscheidung anstellte: „Ich richtete das Gebet an unsere Herrin, danach an den Sohn und an den Vater, dass er mir seinen Geist gebe zum Überlegen und zum Unterscheiden" (11.2.1544, GG 358).

spekuliert hier nicht theologisch über das innere Leben der Trinität, sondern er will fast bildhaft die Sendung Jesu aus dem gleichsam höchsten Gott begründen. Wenn später Christus die Jünger in seine Sendung hineinnimmt, fließt indirekt auch deren Sendung aus dem dreifaltigen Gott aus – alle ignatianische Theologie intendiert Mission. Und wenn am Ende Christus zum Vater in den Himmel auffährt, warten die Jünger schon auf den Geist (312). Sowohl der Abstieg als auch der Aufstieg, die erlösende Kenosis wie der vollendende Heimgang ins göttliche Reich, sind trinitarisch durchwirkt.

Cardoner/La Storta. Ein Blick über die Exerzitien hinaus in die Biographie des Ignatius führt noch weiter.[152] Über seine Erleuchtungen in Manresa berichtet er: „Er hatte viel Andacht zur heiligsten Dreifaltigkeit, und so betete er jeden Tag unterschieden zu den drei Personen … Und als er die Tagzeiten unserer Herrin betete, begann sich ihm der Verstand zu erheben, als sähe er die heiligste Dreifaltigkeit in Gestalt von drei Tasten, und dies mit so vielen Tränen und so vielem Schluchzen, dass er nicht dagegen ankam … Auch nach dem Essen konnte er nicht davon ablassen, nur von der heiligsten Dreifaltigkeit zu reden; und dies … mit viel Freude und Tröstung, so dass ihm sein ganzes Leben lang diese Einprägung geblieben ist, große Andacht zu verspüren, wenn er zur heiligsten Dreifaltigkeit betete."[153] Diese intensive Dreifaltigkeitserfahrung entfaltet sich für Ignatius sogleich weiter auf Grundmotive seiner Spiritualität und Theologie hin: auf

152 Hierzu der wichtige Aufsatz von Pedro Arrupe: „Die trinitarische Inspiration unseres Charismas", in: Arrupe (1987) 53–107.

153 BP 28, GG 31 f.

die Schöpfung, auf die Eucharistie und auf die Menschheit Jesu.[154] – Etwa 15 Jahre später, in der Vision von La Storta, vertieft sich seine trinitarische Verwurzelung: Er erzählt nur knapp, wie er sah, „dass Gott Vater ihn zu Christus, seinem Sohn stellte“[155]; andere Zeugnisse dieser Vision verdeutlichen, dass Gottvater Ignatius dem kreuztragenden Sohn beigibt und dieser Ignatius annimmt, dass Ignatius nach dem Wort des Sohnes „uns“ – dem Vater und dem Sohn – dienen soll und dass Gott ihm in Rom beistehen wird, was Ignatius als ein Kreuz deutet, das auf die Gefährtenschaft zukommt.[156] Hier zeigen sich weitere Grundmotive der Exerzitien-Theologie: die Gefährtenschaft und das Mitgehen mit Jesus in die Passion, die Sendung zum Dienst für Gott, der göttliche Beistand in Schwierigkeiten im Apostolat.

Das geistliche Tagebuch[157]: Oft feiert Ignatius die Votivmesse von der heiligsten Dreifaltigkeit. Er erkennt: „Wenn ich zum Vater sprach und sah, dass er eine Person der heiligsten Dreifaltigkeit ist, dann ergriff es mich, sie als Ganze zu lieben, umso mehr, weil die anderen Personen ihrer Wesenheit nach in der Person des Vaters sind; das Gleiche verspürte ich im Gebet zum Sohn und das Gleiche in dem zum Heiligen Geist. Ich erfreute mich an gleich welcher Person, wenn ich Tröstungen verspürte, und schrieb sie

---

154 BP 29, GG 32 f.

155 BP 96, GG 78.

156 Genaueres zu den Zeugnissen von La Storta: Kiechle (1996) 290–293.

157 Das „geistliche Tagebuch“ des Ignatius ist im Original ein Konvolut von handschriftlichen Notizen aus der Zeit von Februar 1544 bis Februar 1545; vermutlich ist nur ein kleiner Teil des Ganzen erhalten. Die wenigen Blätter geben dennoch einen wertvollen Einblick in seine Gebetspraxis und Mystik.

zu und freute mich, dass sie von allen drei seien"[158] – die erlebte Vielheit der Personen führt Ignatius immer wieder zurück zum einen Gott. Wenige Tage später: „... im Gebet ein Verspüren oder genauer Sehen, außerhalb der natürlichen Kräfte, der Heiligsten Dreifaltigkeit und Jesu, wie er wieder mich vorstellte oder mich hinstellte oder Mittler bei der Heiligsten Dreifaltigkeit war, damit mir jene geistige Schau mitgeteilt werde. Und bei diesem Verspüren und Sehen bedeckten mich Tränen und eine Liebe, die sich mehr auf Jesus richtete; und zur Heiligsten Dreifaltigkeit ein Verhältnis der Ergebenheit und näher zur ehrfurchtsvollen Liebe als zu irgendetwas Gegenteiligem"[159] – Ignatius' Zugang zum dreifaltig-einen Gott ist immer christologisch vermittelt: Über den Menschen Jesus, für den er mehr affektiv „Tränen und Liebe" empfindet, gelangt er zur respektvollen Ehrfurcht (*un respecto de acatamiento*) gegenüber der Dreifaltigkeit.

> *Gott zeigt sich dem Exerzitanten dreifaltig eins. Zwar zeigt sich der Geist mehr indirekt, er wird aber in Maria, der Geisterfüllten, angesprochen. Indem der Vater im Geist den Sohn sendet, wird auch die Sendung derer, die dem Sohn in Freundschaft nachfolgen, trinitarisch begründet. Gebet und Sendung des Exerzitanten sind – das Lebenszeugnis des Ignatius zeigt dies – trinitarisch verwurzelt.*

---

158 Vom 21.2.1544, GG 372.
159 Vom 27.2.1544, GG 379; zur „ehrfurchtsvollen Liebe" siehe Kap. 23.

Streitend und hierarchisch, mütterlich und bräutlich. Die „streitende Kirche“ (*iglesia militante*, 352) kämpft nach Ignatius nicht politisch oder gar militärisch, sondern sowohl spirituell – sie unterscheidet die Geister und bekämpft den Abergeist – wie auch missionarisch: Mit den Waffen des Geistes streitet sie gegen Unglauben und gegen böse Mächte. „Hierarchisch“ meint, dass die Kirche in einer heiligen, von Gott gesetzten Ordnung steht, in der Amtsträger die Gläubigen führen – hoffentlich geistgeleitet und so, wie gute Hirten ihre Herden führen. Der erste Hirte der Kirche ist Christus; dessen Stellvertreter – Ignatius nennt ihn häufig *Vicarius Christi* – ist der Papst, dem sich Ignatius als dem „universalen Hirten“ ausdrücklich für Dienste zur Verfügung stellt. Die hierarchische Kirche ist auch – ein erstaunliches Bild – „heilige Mutter“ (353): Mütterlich-fürsorgend-liebevoll kümmert sie sich um die ihr anvertrauten Kinder.[160] Die Kirche ist selbst nie „Herrin“, wohl aber „die wahre Braut Christi, unseres Herrn“ (353): Dieses Bild drückt sowohl die schenkende, innig-keusche[161] Beziehung beider aus als auch – in den alten, asymmetrischen Geschlechterrollen – die Dienstbereitschaft der Braut für ihren „Herrn“. Man wird heute diese Kirchenbilder nicht alle bruchlos übernehmen können. Bemerkenswert ist: Ignatius ist zum einen in der konkreten Kirche seiner Zeit verwurzelt und bejaht diese trotz

160 Das Bild ist zugleich eine harsche Kritik an jeglichem klerikalen Machtmissbrauch.

161 „Keusch“ nicht im heutigen Sinne von sexueller Enthaltsamkeit, sondern im älteren Sinn als reife Freundschaft; vgl. Joachim Negel (2020) 246–259.

aller Dekadenz und aller Abgründe, auch die besonders sittenlose römische Zentrale.[162] Zum anderen bleibt er bei diesen theologisch doch recht idealisierenden Bildern der Kirche. Auch wenn ihm der Augenschein oft anderes zeigt, glaubt Ignatius fest an das Wirken des Geistes in der Kirche.[163]

In allen Gliedern derselbe Geist. „Wir glauben, dass zwischen Christus, unserem Herrn, dem Bräutigam, und der Kirche, seiner Braut, derselbe[164] Geist ist, der uns lenkt und leitet zum Heil unserer Seelen. Denn durch denselben Geist und unseren Herrn … wird gelenkt und geleitet unsere heilige Mutter Kirche“ (365). Dieser Satz bezieht sich auf die hierarchische Kirche und spricht von einem dreifachen Wirken des Geistes: in Christus; in der Kirche, seiner Braut und unserer Mutter; in „uns“, womit Ignatius alle meint, die das Heil ihrer Seele anstreben – hier spielt er auf „Prinzip und Fundament“ (23) an. In der Kirche „lenkt und leitet“ der eine, von Christus empfangene Geist also sowohl *oben*, in der Hierarchie, als auch *unten*, in den Seelen aller Christen: ein erstaunlich modernes Kirchen-

162 Angekommen in Rom, sieht Ignatius realistisch-kritisch die Verweltlichung des Renaissance-Papsttums und vertraut dennoch, dass sich für ihn der Wille Gottes in der Sendung durch die *Vicarii Christi* zeigt.

163 Ausführlicher zu den Kirchenregeln: Werner Löser (2019) 79–93. Löser weist darauf hin, dass die erste Regelgruppe (353–365) in Paris entstand und sich gegen humanistische und lutherische Tendenzen abgrenzt; die zweite (366–370) wurde in Italien geschrieben und positioniert sich gegen reformierte Strömungen. Die Regeln sind im Ton nicht polemisch, sondern wertschätzend (man soll „loben“ …) und pastoral vermittelnd.

164 *„el mismo“*: kann im Deutschen „der gleiche“ oder „derselbe“ meinen; da es freilich nur einen göttlichen Geist gibt, übersetzt „derselbe“ besser.

bild, das dennoch nicht dazu führen soll, dass Christen ihre persönlichen geistlichen Eingebungen gegen Regeln der Kirche oder gegen Anweisungen der Vorgesetzten ausspielen.[165] Übrigens benennt Ignatius, wie immer bodenständig realistisch, auch Konflikte: Als Kaiser Karl V. den Jesuiten Franz von Borja gegen den Willen des Ignatius zum Kardinal kreieren lassen will und Ignatius nach gründlicher Unterscheidung bei seinem Widerspruch bleibt, akzeptiert er dennoch beide möglichen Ergebnisse des Ringens als mögliche Willen Gottes: „Denn es kann sein, dass der gleiche göttliche Geist mich dazu aus den einen Gründen und andere aus anderen zum Gegenteil bewegt, so dass verwirklicht wird, was der Kaiser angezeigt hat."[166] Eventuell muss Ignatius entgegen seinem Unterscheiden der größeren Macht weichen – auch das kann vom Geist stammen.

Schwarz und weiß. „Von dem Weißen, das ich sehe, glauben, dass es schwarz ist, wenn die hierarchische Kirche es so bestimmt" (365[167]). Seit Jahrhunderten dient dieser berüchtigte Satz allen antijesuitischen Polemiken als Beleg für jesuitische Gehirnwäsche und für unterwürfig-dumpfen Gehorsam. In seiner Zuspitzung heute kaum verwendbar, kann er jedoch einen theologischen Sinn bekommen. Er

---

165 In einem frühen Brief an Sr. Teresa Rejadell beschreibt Ignatius, wie Gott die Seele durch deren Verspüren zu etwas bewegt; er schreibt dann: „und dieses Verspüren von ihm, das wir empfangen, muss uns notwendig in Entsprechung zu den Geboten, den Kirchengeboten und dem Gehorsam gegenüber unseren Vorgesetzten bringen und von aller Demut erfüllt sein. Denn derselbe göttliche Geist ist in allem" (18.6.1536, BU 27).

166 BU 414.

167 Ignatius kehrt hier eine Aussage von Erasmus von Rotterdam direkt um; vgl. Löser (2019) 85.

trennt Sehen und Glauben: Die sinnliche Wahrnehmung sieht Weißes, der Glaube nimmt gleichsam hinter dem sinnlich Wahrgenommenen noch eine andere, schwarze Wirklichkeit wahr. Etwa so: Die Sinne erkennen Brot; der Glaube erkennt im Brot den Leib Christi. Die Sinne sagen: „Ein grausam ermordeter Verbrecher hängt am Kreuz"; der Glaube sagt: „Hier zeigt sich die erlösende Liebe Gottes." Die Sinne behaupten, Jesus sei tot; die Augen des Glaubens nehmen in einer flüchtigen Erscheinung wahr, dass er lebt. Vielleicht kann Ignatius' Satz nur kreuzestheologisch erschlossen werden, denn wirklich klar zeigt Gott nur am Kreuz, wie er unter dem Schein des Gegenteils wirkt. Nur der Glaube erkennt solches Wirken Gottes, und in diesen Glauben treten Menschen nur dadurch ein, dass er ihnen glaubwürdig bezeugt wird – seit Christus bis heute in der „hierarchischen", das heißt heilig geordneten Kirche.

Freunde im Herrn. Nur einmal, in einem Brief, verwendet Ignatius diesen Ausdruck, als er in Venedig über seine Gefährten berichtet: „Von Paris kamen Mitte Januar meine neun Freunde im Herrn an."[168] Ähnlich findet sich die Formulierung in einem Bericht Peter Fabers.[169] Später wird sie in der Gruppe um Ignatius vielfach verwendet, um das Gemeinschaftsideal,[170] das die Gruppe eint und

---

168 MHSI Epp I, 119 (der Brief ist in BU nicht abgedruckt).

169 Vgl. DEI 144; dort weitere Texte der ersten Gefährten.

170 Das Wort „Gemeinschaft" (*comunidad*) kommt in den Satzungen des Ordens nie vor, dafür umso häufiger „Einheit" und „Leib"; vgl. Pedro Arrupe (1987) 95 f. „Gefährten" wachsen zu einer „Gefährtenschaft Jesu" (*Compañía di Jesús*) zusammen, die in Einheit der Herzen und des Geistes einen apostolischen, das heißt zum Dienst gesandten Leib bilden.

belebt, zu beschreiben. „Freundschaft“ meint ignatianisch das gegenseitige Anteilgeben aus Liebe; der Exerzitant betrachtet sie immer wieder: im Gespräch mit dem Gekreuzigten (54), im Ruf Christi (146), im Trost des Auferstandenen (224); am Ende wird er in der „Betrachtung, um Liebe zu erlangen“, diese Freundesliebe vertiefen. „Im Herrn“ meint sicherlich, dass jeder Gefährte durch seine Freundschaft mit Jesus tiefer mit seinen anderen Gefährten verbunden wird und dass zugleich die Freundschaft unter den Gefährten diese näher zu Jesus führt. Ignatius ergänzt einen Gedanken in einem Brief an die Mitbrüder in Padua: „Die Freundschaft mit Armen macht zu Freunden des ewigen Königs.“[171] In Anspielung auf Mt 25,40 wird der Arme mit Christus geradezu identifiziert: Wer sich Armen freundschaftlich-liebevoll zuwendet, wendet sich in ihnen Christus, dem ewigen König (vgl. 91, 95, 97), freundschaftlich-liebevoll zu. Als Gruppe schließen sich die Gefährten nicht vor anderen Menschen ab, sondern sie öffnen sich ihnen, insbesondere den Bedürftigen. Ignatianische Freundschaft – und wohl alle christliche Freundschaft – verwirklicht sich über Freundschaft mit Christus, und diese lebt aus Freundschaft mit Armen.

Unterscheidung in Gemeinschaft. Nicht nur die Exerzitantin geht individuell, auch „Freundinnen im Herrn“ oder andere kirchliche Gruppen gehen gemeinsam Wege der Unterscheidung der Geister – im Vorangehen und in der Theologie sind beide Wege ähnlich.[172] Auch in der Grup-

---

171 BU 186.

172 Dazu ausführlicher Kiechle (2020). Historisches Modell ist die „Beratung der ersten Gefährten“ (1539), die in einem monatelangen Prozess zur Gründung des Jesuitenordens führte. Der Bericht

pe brauchen die Teilnehmerinnen gute Indifferenz, dazu viel Geduld, gutes Wahrnehmen der Regungen bei sich und bei anderen, Pflege des Gebets, intensives Zuhören und Kommunizieren, Offenheit für neue Ideen, Spürsinn für den Geist und für den Abergeist, Entschiedenheit auf das Wohl aller hin, Akzeptanz auch unerwarteter Ergebnisse. Ein solcher gemeinsamer Weg ist wie Exerzitien in der Gruppe. Theologisch wichtig ist: Nur die indifferente Teilnehmerin kann den Willen Gottes – ob er sich in ihr selbst oder in den Gefährtinnen manifestiert – erkennen. Der Geist wirkt in der Seele: in der einzelnen Seele und ähnlich, so könnte man sagen, in der sozialen Seele der Gruppe; auch der Abergeist will sich sowohl bei den Einzelnen wie bei der Gruppe einschleichen. An der guten Kommunikation hängt vieles: Sie ist freier Austausch unter Freundinnen. Erst das gemeinsame Hören auf den Geist macht eine Gruppe von Freundinnen zur Kirche. Die unterscheidende Freundschaft zu Armen macht sie zu Freundinnen Christi.

> *Gott führt seine Exerzitanten den individuellen Weg, der freilich am Ende in Gemeinschaft führt. Im Exerzitienbuch nur angedeutet, entfaltet sich dies später: Freunde finden „im Herrn" zusammen, und in gemeinsamer Unterscheidung erlangen sie Klarheit über den Willen Gottes für sie. Damit bilden sie Kirche: Diese ist hierarchisch verfasst und streitet, sie hat mütterliche und freundschaftliche Züge.*

---

darüber (BU 290–296) gibt methodische und theologische Grundlegung. Jahrhundertelang vergessen, wird diese geistliche Methode seit einigen Jahrzehnten wiederentdeckt.

23. In der Liebe wachsen

Was ist Liebe? Für Ignatius ist *caridad* (Nächstenliebe) mehr eine Tugend – die des Gebens. *Amor* (Liebe) hingegen ist mehr die innere Bewegung oder der Akt des Liebens,[173] wobei gilt: „Jene Liebe, die mich bewegt und eine Sache erwählen lässt, soll von oben herabsteigen, von der Liebe Gottes“ (184). Ungeordnetes Begehren wäre *amor propio* (Eigenliebe, 189); von ihm reinigt man sich in der Ersten Woche.[174] *Amor* kommt also von Gott, durchdringt die Seele, erfüllt sie und motiviert sie zum Handeln. Diese Liebe „muss mehr in die Werke als in die Worte gelegt werden“ (230). Sie ist „Austausch von beiden Seiten her“ (*comunicación de las dos partes*), ein Geben und Empfangen oder besser ein Empfangen und Geben, und nicht nur „dessen, was man hat oder kann“, sondern ebenso der Person selbst (231). Liebe – sowohl zu Gott wie zu Menschen – lässt nicht zwei Pole verschmelzen, sondern beide Liebenden bleiben eigenständige und freie Personen,[175] aber miteinander verbunden, sich vertrauend,

---

173 Vgl. DEI 149.

174 Um die klassischen griechischen Begriffe danebenzustellen: *Amor propio* entspricht wohl einem (ungeordneten) *Eros*, der nur für sich empfangen will – in der Ersten Woche wird er gereinigt. *Caridad* ist die neutestamentliche *Agape*, das reine Geben – gestärkt und konkretisiert in der Zweiten und Dritten Woche. *Amor* entspricht etwa der antiken *Philía*, der Freundesliebe, die *Eros* und *Agape* zusammenführt: In ihr kommen das ignatianisch freie Empfangen und Geben am besten zum Ausdruck – gestärkt während der ganzen Exerzitien, zur Synthese geführt in der Vierten Woche und in der „Betrachtung, um Liebe zu erlangen“.

175 Man könnte auch „Individuen“ oder „Subjekte“ sagen, aber diese Begriffe führen zu einer anderen Philosophie; *persona* ist bei Ignatius häufig.

sich einander schenkend. Ignatianische Liebesmystik ist keine Mystik der Einswerdung,[176] sondern eine Mystik der Freundschaft und Mystik der Tat.

Betrachtung, um Liebe zu erlangen. Um die Eigenliebe zu überwinden und in der selbstlosen Liebe zu wachsen, schlägt Ignatius eine letzte Übung vor: Zunächst bittet die Exerzitantin darum, das viele Gute, das sie empfing, zu erkennen, „damit ich … in allem seine göttliche Majestät lieben und ihr dienen kann" (233) – Liebe und Dienst werden in einem Atemzug genannt, sie sind wie zwei Momente desselben Aktes. Die vier Punkte (234–237) sind parallel aufgebaut: Die Exerzitantin besinnt sich immer wieder auf das viele Gute, das sie von Gott empfangen hat, und bietet im Gegenzug an, ihm alles zurückzugeben. Im ersten Punkt betrachtet sie alle empfangenen Gaben Gottes und Gott selbst, im zweiten die ganze Natur in ihrer Schöpfungsordnung[177] und sich selbst als „Gleichnis und Bild" Gottes, im dritten das Arbeiten Gottes für sie, im vierten mit Hilfe von Bildern wie der Sonne oder der Quelle, wie das Gute „von oben" (*de arriba*) herabsteigt. Das Angebot des Zurückgebens macht sie mit dem viermal wiederholten Gebet „Nimm hin, Herr …" (*Tomad, Señor* …, 234): Ihre Person bietet sie an, mit aller Freiheit, mit ihren drei Seelenkräften und mit allem Besitz. Ihre Liebe bietet sie nicht an, denn – so darf man deuten – ohne diese kann sie nicht leben, vielmehr braucht sie Liebe von Gott, zusammen mit Gnade – beide Begriffe werden fast

176 Auch keine Mystik, in der die Seele Gott wie eine Braut ihrem Bräutigam begegnet – dieses Bild verwendet Ignatius nur für die Kirche und Christus.

177 Diese ist ganz aus scholastischer Lehre.

synonym gebraucht. Wie angedeutet, darf man die Übung auch christologisch deuten: In Christus wurden alle Gaben, alle Natur und die Exerzitantin selbst erschaffen, er schenkt ihr alles, er arbeitet mühevoll für sie, bis zur Hingabe am Kreuz, er inkarniert sich für sie *de arríba* – umgekehrt schenkt die Exerzitantin sich ihm zurück. Der theologische Gedanke ist: Wer die großen Gaben Gottes und damit Gott selbst tiefer anerkennt, kann selbst freier und großzügiger geben, nicht nur etwas von sich, sondern sich selbst – darin wächst er in der Liebe.

Magis. „Was uns *mehr* zu dem Ziel führt" (23); „Anerbieten von *größerem* Wert" (97); „Euer *größerer* Dienst und Lobpreis" (98); „damit ich *mehr* ihn liebe und ihm diene" (104); „erwählen, was *mehr* zur Ehre seiner göttlichen Majestät und zum Heil meiner Seele ist" (152, vgl. 179); „zur *größeren* Ehre Gottes" (185) – solche Steigerungsformen ziehen sich durch alles ignatianische Schrifttum. Meint dieses ignatianische *Magis* ein immer höher, weiter, schneller, mächtiger? Die unerschöpfliche Potenzierung der Aktivität oder gar der Eroberungen? Sind Exerzitien ein Training zur Steigerung spiritueller Energie oder apostolischer Effizienz? Solches entspräche dem Klischee, das über Jesuiten kursiert. Aber das *Magis* spricht zuerst von Gott: Er ist nicht „der größte", sonst bliebe er in irdischen Vergleichen stecken, sondern „immer größer": nach oben offen, alle irdischen Kategorien sprengend, ins Unendliche und Ewige hinein. Schwach steht der Mensch unten und schaut hinauf, staunend, lobend und ehrend, ohne zu begreifen oder zu fassen. Und das *Magis* des Menschen? Es ist nicht quantitativ oder gar militärisch zu verstehen, sondern als wachsender Trost, als größere Qualität der Liebe und Hingabe in allem Tun, als Zuwachs der Gerechtigkeit *Gottes*. Was dem Menschen *mehr* gelingt, kommt nicht aus seinem Machen, sondern es ist Gottes Werk und Gnade an ihm und durch ihn an anderen. Exerzitien machen heißt zuerst, Gott mehr wirken zu lassen.

An Spannungen wachsen. Klingt diese Theologie nicht allzu harmonisch und ideal? Wird sie an brüchigen oder bösen Realitäten scheitern? Doch ignatianische Theologie nimmt, wie mehrfach angedeutet, Spannungen ernst und lebt aus ihnen.[178] An ihnen wird die Exerzitantin reifen und wachsen: Sie ist Opfer und wohl auch immer Täterin des Bösen – aber sie wird zugleich von Gottes heilender und vergebender Liebe durchformt. Sie sieht grausam Böses, mächtig waltend in der Welt – aber sie erkennt auch Gottes Heilshandeln, das zwar noch nicht siegreich ist, aber unübersehbar wirksam. Sie unterscheidet in Freiheit die Geister und entscheidet eigenverantwortlich – aber der Geist wirkt auch in der Kirche, welche weiß Gott ebenso unheilig wie heilig ist, und die Exerzitantin will diesem Geist gehorchen. Sie bittet Gott im Gebet um sein Wirken – aber sie wählt auch selbst ihre Aufgabe, um aktiv in der Welt zu wirken. Sie baut selbst ein erfolgreiches apostolisches Werk auf, zur Ehre Gottes – aber sie will auch mit Christus arm, demütig und ohnmächtig leben. Sie leidet an den abgründigen geistigen und moralischen Krankheiten dieser Welt – aber sie glaubt zugleich an die unendliche Rettermacht Gottes. Viele Spannungen sind

---

178 Vgl. Erhard Kunz, „Bewegt von Gottes Liebe". Theologische Aspekte der ignatianischen Exerzitien und Merkmale jesuitischer Vorgehensweise", in: Sievernich – Switek (1990) 75–95; Barry – Doherty (2002).

nur in Paradoxen auszudrücken, und sie erscheinen oft unüberwindlich. Auf ihrem Übungsweg wird die Exerzitantin sie durchleben und annehmen, sie wird sowohl mehr Trostlosigkeit als auch mehr Trost, sowohl mehr Leiden als auch mehr Herrlichkeit erfahren. Im Letzten ist es die Spannung Jesu Christi, wahrer Mensch und wahrer Gott zu sein: ganz in der irdisch gebrochenen, todgeweihten Existenz eingewurzelt und zugleich ganz vom Ewigen und von seinem Heil durchdrungen. Ignatianische Theologie ist immer christologisch.

Discreta charidad. „Das innere Gesetz der Liebe und Güte (*la interior ley de la caridad y amor*), das der Heilige Geist in die Herzen schreibt und einprägt", soll die Jesuiten leiten; weil aber „die Vorsehung von ihren Geschöpfen Mitwirkung erfordert", braucht das Miteinander auch Satzungen und Regeln.[179] Ignatius spricht oft von der „klugen Liebe": Nächstenliebe darf nicht immer nur nach Regeln vorgehen, sondern muss bisweilen klug davon abweichen,[180] besonders im Umgang mit Personen.[181] Professen des Ordens[182] erhalten keine Regeln für ihr persönliches Gebetsleben, sondern gestalten dieses selbst, nach kluger Liebe.[183] „Klug" (*discreta*) meint ja genau die *discreción*, die Unterscheidung der Geister: Es ist die Erfahrung von

179 Sa 134, GG 628.

180 Beispielsweise bekommt der Jesuit, der als „Patriarch" nach Äthiopien gesandt wird, Instruktionen zu seiner Aufgabe mit, aber er soll auch „nach kluger Liebe" von diesen abweichen und selbst entscheiden ... (MHSI Epp VIII, 689 f.; nicht in BU abgedruckt).

181 Etwa bei heiklen Fragen wie der Entlassung aus dem Orden oder Zurechtweisungen: Sa 209 (GG 648), 237 (GG 655), 269 (GG 663).

182 Mitglieder, die sich für immer an den Orden gebunden und das Papstgelübde abgelegt haben.

183 Sa 582, GG 749 f.

Manresa, die Ignatius lehrt, dass ein von Liebe durchdrungenes Herz besonders leicht vom Abergeist verwirrt oder versucht wird und daher besonders der Unterscheidung bedarf. Kluge Liebe nimmt die Realität ehrlich und wertschätzend wahr, mit Nähe und mit Distanz. Sie bleibt frei und achtsam. Sie urteilt, aber abwägend und respektvoll. Sie entscheidet mit Leidenschaft, aber ebenso mit Vernunft und Klarheit. Sie gibt etwas von sich und sich selbst für andere. Kluge Liebe sieht, unkluge Liebe ist blind. Wer klug liebt, nimmt sich selbst barmherzig an und kann daher Erlösung geschehen lassen.

Amor reverencial. Im Geistlichen Tagebuch spricht Ignatius von „ehrfürchtiger Liebe" zu Gott.[184] Wie ein Ritter vor seinem Herrn[185] steht der Exerzitant vor Gott in staunend-anbetender Nähe und zugleich im scheu-demütigen Zurückweichen vor dem Größeren und Numinosen.[186] Gott ist in der Welt ganz präsent, zugleich übersteigt er sie unendlich. Ignatius berichtet, wie seine ehrfürchtige Liebe nicht gleich nach oben schaute, sondern „mehr in die Mitte"; dabei nahmen seine Andacht, seine Tränen und seine Ergebenheit zu, und die ehrfürchtige Liebe wartete, bis sie nach oben schauen durfte.[187] Ignatius bittet auch um „liebevolle Demut" (*humildad amorosa*) vor dem Schöpfer und erweitert diese zu einer Haltung gegen-

---

184 GT 83, GG 379, u.a.

185 Vgl. 74, 98, 232: Wie der Ritter vor dem gesamten Hofstaat seines Herrn steht, steht der Exerzitant vor dem himmlischen Hofstaat, mit allen Engeln und Heiligen, die für ihn eintreten.

186 Zu „Ehrfurcht" ausführlicher in Kap. 1.

187 GT 128 (GG 390). Vgl. ausführlicher dazu Hugo Rahner (1964) 220ff.

über den Geschöpfen.[188] Vergleichbar ist diese ehrfürchtige Liebe mit jener Schau der Dreifaltigkeit in Manresa: Ignatius erzählt von Tränen, von Freude, von großer Andacht (*devoción*); ähnlich der Erleuchtung am Cardoner: Er empfing „große Klarheit im Verstand" und wurde ein anderer Mensch.[189] Ehrfürchtige Liebe erkennt und anerkennt – gegen alles Seinwollen wie Gott oder, modern gesprochen, gegen alle narzisstische Selbsterhöhung – Gott als den größeren. In der ignatianischen Theologie beschreibt „ehrfürchtige Liebe" den Kern der Beziehung des Menschen zu Gott.[190]

Gott die Ehre. Wer ist Gott in den Exerzitien? Er ist der Schöpfer aller Dinge und der Herr, der lenkt und leitet. Er ist der Barmherzige, der vergibt und heilt. Er steigt aus seiner Fülle herab und entleert sich ins Menschsein. Er beruft zur Mitarbeit für sein Reich. Er gibt sein Leben hin für die Menschen. Er zeigt sich in seiner Herrlichkeit. Er zieht alles hinauf in den Himmel. Er wirkt als dreifaltig einer. Ihm die Ehre zu geben bedeutet, ihn wertzuschätzen, ihn anzubeten, ihm zu dienen. Wenn der Mensch ein gutes Werk vollbringt und dafür geehrt wird, gibt er durch Dank und Lob seine Ehre weiter an den größeren Gott, der ihn geschaffen hat und der an ihm – und durch ihn an anderen – das gute Werk wirkt. Durch sein Leben, durch sein Arbeiten, durch sein Beten und durch seine demütige Liebe ehrt der Mensch Gott.

---

188 GT 178f. (GG 402f.).

189 BP 28, 30 (GG 31–34).

190 Dazu Willi Lambert, „Die Liebe besteht im Mitteilen von beiden Seiten". Von der Herzmitte ignatianischer Spiritualität, in: Gertler et al. (2006) 141–159.

Gott ist Liebe und will, dass der Mensch aus Liebe lebt. Liebe ist mehr Werk als Wort, Liebe ist Austausch von Gaben. Indem die Exerzitantin das von Gott Empfangene wertschätzt und es Gott zurückgibt, wächst sie in der Liebe. Diese ist unterscheidend und ehrfürchtig. Der Mensch gibt Gott die Ehre, indem er gut lebt und arbeitet und indem er Gott für alles Gute dankt und ihn lobt.

Zum Schluss

Anstatt einer Zusammenfassung sei versucht, die Aktualität ignatianischer Theologie in 14 Thesen aufzuzeigen.

1. Gott ist zuerst Schöpfer, die Welt seine Schöpfung – in Zeiten ökologischer Verwerfungen hat der Mensch die Schöpfung zu pflegen und die Dinge der Welt zu nutzen, allerdings nicht ungeordnet-gierig, ausbeutend, sondern geordnet auf das Ziel hin, zu dem er geschaffen ist.
2. Mensch und Welt sind tief in Sünde verstrickt – in Zeiten gravierender Korruption in Wirtschaft und Gesellschaft, in Politik und Kirche ruft diese Theologie auf, die Sünde ernst zu nehmen und zu bekämpfen, durch persönliche Umkehr und durch Reform der Institutionen.
3. Gott ist leidsensibel und todsensibel – in Zeiten, in denen weltweit die Armut und das Unrecht steigen, in denen Gewalt und Krieg, Hunger und Seuche zu unsäglichem Leid und zu frühem Tod führen, wird die Verkündigung dieses Gottes die Menschen trösten und aufrütteln.
4. Gott wird als fern erlebt; geistliche Wege sind manchmal trostlos; Dämonen sind am Werk – in Zeiten, in denen der Glaube verdunstet und Gott und sein Wirken fraglich geworden sind, weisen die Exerzitien der Gottsucherin einen Weg, Trost und Heil neu zu finden.
5. Gott allein soll wirken – in Zeiten vielfältigen Machtmissbrauchs und problematisch gewordener Macht-

strukturen in Kirche und Welt entmächtigen die Exerzitien den spirituellen Meister; nicht Charisma oder Amt wirken, sondern der demütig-freilassende, empathisch-ohnmächtige Dienst des freundschaftlichen Mitgehens lässt Gott wirken.

6. Gott meint den Einzelnen und sendet ihn in Gemeinschaft – in Zeiten der Individualisierung aller Lebensbereiche und der Vereinsamung vieler nehmen die Exerzitien den Einzelnen ernst, freilich führen sie ihn auch zu anderen: in das *Mit* und in das *Für*, in die Kirche.
7. Durch Unterscheidung der Geister lernt die Exerzitantin, selbst ihren Weg und Auftrag zu wählen – in Zeiten komplexer Umstände und ständigen Entscheidungsdrucks hilft ihr der ignatianische Weg, vor Gott ihr Leben zu ordnen, ihre Berufung zu entdecken und ihre Sendung tatkräftig anzupacken.
8. Gott will, dass der Mensch sich von Bindungen an Ungeordnetes befreit und sich neu und geordnet in einem Dienst für andere bindet – in Zeiten oft ungezügelten Freiheitsdrangs hilft diese Theologie, Freiheit in der rechten Bindung verantwortlich zu leben.
9. Ignatianische Spiritualität spricht die Sinne an und arbeitet mit Emotionen und Bildern – in Zeiten der Bildüberflutung und der sinnlichen Überwältigung hilft sie, dieses oft chaotische Erleben zu verarbeiten und es auf Ziele hin auszurichten.
10. Gott arbeitet für die Menschen und sendet sie zur Arbeit – in Zeiten des permanenten Arbeitsdrucks und der Hyperaktivität würdigt diese Theologie einerseits das Arbeiten, andererseits relativiert sie alles Tun und ordnet es hin auf das rechte Maß und auf gute Ziele.

11. Christus hat am Kreuz alles Böse und alles Leid getragen – in Zeiten zunehmender Gewalt und Ausbeutung zeigt diese Spiritualität, wie Gott in Christus mit Leidenden solidarisch ist und wie Christus durch Hingabe seines Lebens das Böse und den Tod überwindet.
12. Liebe ist dialogisch und auf Austausch angelegt – in Zeiten der Zersplitterung des sozialen Lebens und zugleich der Globalisierung hilft diese Theologie, die Kommunikation sowohl zwischen Einzelnen und unter Gruppen als auch zwischen Völkern, Kulturen und Religionen zu fördern und so zum Frieden beizutragen.
13. Gott lässt sich begrifflich nicht fassen – in Zeiten, in denen einige genau zu wissen meinen, wer Gott ist, was er will und wen er schätzt, hält sich diese Theologie zurück: Sie spekuliert nicht, sie unterscheidet lange die Geister, sie beschreibt offenhaltend das Wirken Gottes, und sie animiert die Gottsucherin zum geistlichen Vorangehen, zur ehrfürchtigen Liebe und zur dienenden Hingabe.
14. Gott gebührt die Ehre – in Zeiten immer größeren Leistungsdrucks und narzisstischer Selbstbespiegelung hilft diese Perspektive, sich nicht zu sehr über Tun und Besitz und Ehre zu definieren, sondern das Gute Gott zu verdanken und ihn dafür zu ehren.

Literatur (Auswahl)

1. Quellen und Hilfsmittel; Abkürzungen

Monumenta Historica Societatis Iesu, Madrid/Rom, ab 1903; zit. MHSI.

Ignatius von Loyola, Gründungstexte der Gesellschaft Jesu (Hg. P. Knauer), Würzburg 1998; zit. GG.

Ignatius von Loyola, Briefe und Unterweisungen (Hg. P. Knauer), Würzburg 1993; zit. BU.

Div. Einzelausgaben (alle mit identischer Randnummerierung) des Exerzitienbuchs (zit. im Text mit Randnummer, ohne Buchstaben), des Pilgerberichts (zit. „BP" und Randnummer), des Geistlichen Tagebuchs (zit. „GT" und Randnummer), der Satzungen des Jesuitenordens (zit. „Sa" und Randnummer) in Spanisch und in Deutsch; diese Texte auch alle in GG.

Concordancia Ignaciana, Bilbao 1996; zit. CI.

Diccionario de Espiritualidad Ignaciana (2 Bde.), Bilbao 2007; zit. DEI.

Zeitschriften: Ignaziana: www.ignaziana.org
Stimmen der Zeit; zit. StdZ
Geist und Leben; zit. GuL

Bibliographie: https://jesuitonlinebibliography.bc.edu/

2. Exerzitienkommentare und größere Werke zur Theologie der Exerzitien

Arzubialde, Santiago: Ejercicios Espirituales de S. Ignacio. Historia y Análisis, Bilbao/Santander 1991.

Chapelle, Albert (u. a.): Les Exercices spirituels d'Ignace de Loyola. Un commentaire littéral et théologique, Bruxelles 1990.

Demoustier, Adrien: Les Exercices Spirituels de S. Ignace de Loyola. Lecture et pratique d'un texte, Paris 2006.

Fessard, Gaston: La Dialectique des Exercices spirituels de Saint Ignace de Loyola, 2 Bde., Paris 1956 und 1966.

Gertler, Thomas – Kessler, Stephan Ch. – Lambert, Willi (Hg.): Zur größeren Ehre Gottes. Ignatius von Loyola neu entdeckt für die Theologie der Gegenwart, Freiburg 2006.

Ivens, Michael: Understanding the Spiritual Exercises, Herefordshire/Surrey 1998.

Kiechle, Stefan: Kreuzesnachfolge. Eine theologisch-anthropologische Studie zur ignatianischen Spiritualität, Würzburg 1996.

Köster, Peter: Zur Freiheit befähigen. Die Geistlichen Übungen des hl. Ignatius von Loyola. Ein Kommentar mit Hinweisen für die Praxis des Begleitens, Würzburg 2017.

Lafontaine, René: L'originalité des Exercices d'Ignace de Loyola, Namur/Paris 2016.

Lefrank, Alex: Umwandlung in Christus. Die Dynamik des Exerzitien-Prozesses, Würzburg 2009.

Przywara, Erich: Deus semper maior. Theologie der Exerzitien, 3 Bde., Freiburg 1938–1940.

Rahner, Hugo: Ignatius von Loyola als Mensch und Theologe, Freiburg 1964.

Ruhstorfer, Karlheinz: Das ignatianische Prinzip. Zum geschichtlichen Ort der „Geistlichen Übungen" des Ignatius von Loyola. Freiburg 1998.

Uríbarri Bilbao, Gabino (Hg.): Dogmática Ignaciana. „Buscar y hallar la voluntad divina" (Ej 1), Madrid/Bilbao 2018.

3. Weitere Literatur

Arrupe, Pedro: Im Dienst des Evangeliums. Ausgewählte Schriften, hg. v. Hans Zwiefelhofer, München 1987.

Balthasar, Hans Urs von: Texte zum ignatianischen Exerzitienbuch. Ausw. und Einl. von Jacques Servais SJ, Einsiedeln/Freiburg 1993.

Barry, William A. – Doherty, Robert G.: Contemplative in Action. The Jesuit Way, Mahwah, New Jersey 2002 (dt.: Gott in allen Dingen finden, publ. als MS von ZIP: Zentrum für Ignatianische Pädagogik, Ludwigshafen o.J.).

Batlogg, Andreas: Die Mysterien des Lebens Jesu bei Karl Rahner. Zugang zum Christusglauben, Innsbruck 2001.

Brüntrup, Godehard – Jaskolla, Ludwig: Tugend und Eudaimonia. Zum Begriff der Demut in den „Exercitia Spiritualia" des Ignatius von Loyola, in: ThPh 93 (2018) 389–408.

Carls, Rainer: Finding God in all Things: Panentheistic features in the *Spiritual Exercises* of St. Ignatius, in: Gregorianum 98, 4 (2017), 747–761.

Cisneros, García Jiménez de: Exerzitien des geistlichen Lebens. Exercitatorio de la vida spiritual (ed. Stephan Hecht), Münsterschwarzach 2021.

Erasmus von Rotterdam, Handbüchlein des christlichen Streiters. Enchiridion Militis Christiani (ed. H. Schiel), Münsterschwarzach 2015.

Falkner, Andreas – Imhof, Paul (Hg.): Ignatius von Loyola und die Gesellschaft Jesu. 1491–1556, Würzburg 1990.

García de Castro Valdéz, José: El dios emergente. Sobre la „consolación sin causa“ [EE 330], Bilbao 2001.

Jalics, Franz: Der kontemplative Weg, Würzburg 2006.

Kiechle, Stefan: Achtsam und wirksam. Führen aus dem Geist der Jesuiten, Freiburg 2019 (2019a).

Kiechle, Stefan: Christliche Spiritualität. In: StdZ 10/2019, 753–760 (2019b).

Kiechle, Stefan: Die ignatianische Meditation der „Zwei Banner“. Zu ihrer Traditionsgeschichte von Augustinus bis Ignatius von Loyola, in: GuL 66/1993, 188–201.

Kiechle, Stefan: Ignatius von Loyola. Leben – Werk – Spiritualität, Würzburg [3]2020.

Kiechle, Stefan: In Gremien geistlich entscheiden, in: StdZ 7/2020, 483–491.

Kiechle, Stefan: Sich entscheiden, Würzburg [10]2020.

Kiechle, Stefan: Warum leiden? Würzburg 2011.

Kiechle, Stefan: Was ist ignatianisch? In: GuL 79/2006, 241–248.

Körner, Felix: Das Herzstück des Ignatius, in: GuL 92/2019, 184–189.

Kramp, Igna Marion CJ: Begegnung mit den Geheimnissen des Lebens Jesu Christi. Zur biblischen Hermeneutik der Exerzitien, Münster 2020.

Kunz, Erhard: Die drei Weisen der Demut in den Exerzitien des hl. Ignatius von Loyola, in: GuL 42/1969, 280–301.

Leturia, Pedro de: Aspetti francescani in Sant’Ignazio di Loyola, in: La Civiltá Cattolica 4100 (2021) 176–181.

Löser, Werner: Schritte auf dem Glaubensweg. Theologische Gedanken zum Exerzitienbuch des Ignatius von Loyola, Würzburg 2019.

Ludolf von Sachsen: Das Leben Jesu Christi, Einsiedeln/Freiburg 1994.

Marxer, Fridolin: Die inneren geistlichen Sinne. Ein Beitrag zur Deutung ignatianischer Mystik, Freiburg 1963.

Meana Peón, Rufino (dir.): El Sujeto. Reflexiones para una antropología ignaciana, Madrid/Bilbao 2019.

Meissner, William W.: Ignatius von Loyola. Psychogramm eines Heiligen, Freiburg 1997.

Morgalla, Stanislaw: Shame, guilt and exclamation of wonder: Integrating psychology, theology and ignatian spirituality, in: Ignaziana 30 (2020) 304–316.

Negel, Joachim: Freundschaft. Von der Vielfalt und Tiefe einer Lebensform, Freiburg 2020.

Palmer, Martin E. (Hg.): On giving the Spiritual Exercises. The early Manuscript Directories and the Official Directory of 1599, St. Louis 1996.

Pauli, Charlotte Dorothea: Ehrfurcht – verkannte Gegenkraft. Über das Verhältnis von Ehrfurcht und Narzissmus. Master-Thesis der Universität Salzburg, MS, 2016.

Perniola, Mario: Vom katholischen Fühlen. Die kulturelle Form einer universellen Religion, Berlin 2017.

Rahner, Karl: Sämtliche Werke, 32 Bde., Freiburg 1999–2018 (zit.: SW).

Schneider, Michael: „Unterscheidung der Geister“. Die ignatianischen Exerzitien in der Deutung von E. Przywara, K. Rahner und G. Fessard, Innsbruck 1983.

Sievernich, Michael – Switek, Günter (Hg.): Ignatianisch. Eigenart und Methode des Gesellschaft Jesu, Freiburg 1990.

Terstriep, Dominik: Indifferenz. Von Kühle und Leidenschaft des Gleichgültigen, St. Ottilien 2009.

Tetlow, Joseph A.: Making Choices in Christ. The Foundations of Ignatian Spirituality, Chicago 2008.

Vechtel, Klaus: Maria. Gott suchen und finden, Würzburg 2017.

Wulf, Friedrich (Hg.): Ignatius von Loyola. Seine geistliche Gestalt und sein Vermächtnis. 1556–1956, Würzburg 1956.

Zollner, Hans: Trost – Zunahme an Hoffnung, Glaube und Liebe. Zum theologischen Ferment der ignatianischen „Unterscheidung der Geister", Innsbruck 2004.